우리
시대
혐오를
읽다

우리 시대 혐오를 읽다

제1판 제1쇄 발행일 2019년 7월 30일
제1판 제3쇄 발행일 2021년 9월 15일

글 _ 김진호, 이찬수, 김홍미리, 박미숙
기획 _ 인권연대, 책도둑(박정훈, 박정식, 김민호)
디자인 _ 서채홍
펴낸이 _ 김은지
펴낸곳 _ 철수와영희
등록번호 _ 제319-2005-42호
주소 _ 서울시 마포구 월드컵로 65, 302호(망원동, 양경회관)
전화 _ (02)332-0815
팩스 _ (02)6003-1958
전자우편 _ chulsu815@hanmail.net

ISBN 979-11-88215-27-0 43330

철수와영희 출판사는 '어린이' 철수와 영희, '어른' 철수와 영희에게
도움 되는 책을 펴내기 위해 노력합니다.

우리
시대
혐오를
읽다

종교, 차별, 여성, 법으로 살펴본 혐오 이야기

기획 인권연대 | **글** 김진호, 이찬수, 김홍미리, 박미숙

차별과 혐오를 넘어

　어느 틈엔가 한국 사회에도 혐오가 중요한 화두가 되었습니다. 물론 역사는 깊습니다. 남북 분단 상황에서 남북은 서로 괴뢰傀儡, 꼭 두각시라고 불렀습니다. 주체성 없이 남의 조종에 따라 움직이는 집단이라는 겁니다. 국가라고 쳐주지도 않았습니다. 북한은 소련과 중국의 괴뢰, 남한은 미국과 일본의 괴뢰쯤으로 여겼습니다. 단지 이름만 그렇게 불렀던 게 아닙니다. 적대감으로 똘똘 뭉쳐 무력 침략마저 서슴지 않았습니다.

　이승복 어린이의 비극적 이야기에서 알 수 있듯, 초등학교 2학년생마저 희생양이 되기도 하고, 승공勝共의 표상으로 오랫동안 기억되기도 했습니다. 극단적 증오는 지금껏 반복되고 있습니다.

　강력한 적대 세력이 호시탐탐 침략을 기도하고 있으니, 내부적으로는 총화단결해야 한다고 했습니다. 집권 세력들은 적대 세력에게 의존하거나 때론 공생하면서 내부를 단속했습니다. 남과 북의 권위주의 정권은 대개 비슷했습니다.

독재정권 시절에는 차이를 관용하지 않았습니다. 시민들의 머리카락 길이나 치마 길이까지 국가의 관심사였습니다. 정치적 반대는 목숨을 걸어야 하는 일이었고, "박정희가 잘한 게 뭐가 있나?"는 물음은 고문과 장기간 구금의 유일한 근거가 되었습니다.

이런 상황에서 만들어진 단일민족 신화는 우리를 남들과 사뭇 다른 존재로 재탄생시켰으며, 좀 다른 것을 용인하지 못하는 사회적 분위기를 만들어냈습니다.

세월이 지났고, 세상도 많이 바뀌었습니다. 독재자의 딸이 대통령이 되던 이상한 시절도 직전에 경험하긴 했지만, 독재자들의 반대편에서 싸우던 사람들이 잇따라 대통령이 되기도 했습니다. 경제 성장은 눈부셨고, 민주화의 성취는 놀라운 것이었습니다.

그렇지만, 다른 사람을 보는 눈, 곧 관점은 그리 많이 변하지 않은 것 같습니다. 차이를 관용하지 않고, 나와 다른 사람을 쉽게 단정해버리거나 심지어 단죄해버리는 일까지 반복되고 있습니다.

최근 한국 사회의 혐오 문화는 공동체의 근간을 허물어버릴 만큼 심각합니다. 일부라고는 하지만, 남성이 여성을 혐오하고 여성은 남성을 혐오하는 일이 자주 벌어집니다. 외국인, 이주민에 대한 차별은 이주민의 역사만큼 오래되었습니다. 특별히 미국, 캐나다, 오스트레일리아, 뉴질랜드, 그리고 서유럽에서 온 사람들을 빼고 다른 곳에서 온 사람들에 대해서는 깔보고 무시하는 일이 자주 있습니다. 스스로 식민지 경험을 한 제3세계에 속해 있으면서도 시각만은 철저하게 미국-유럽 중심이었습니다.

가장 가슴 아픈 대목은 사랑을 실천해야 할 일부 개신교들이 혐오 문화를 확산하는 데 커다란 기여를 한다는 것입니다. 흔히 보수 기독교계라 불리지만, 사실은 극단적 광신자들에 불과한 이들의 행태가 심각합니다. 단지 목사라는 이유만으로 사회적 존경을 받는 세상은 진작 끝났지만, 그래도 노령층을 비롯한 일부에게 지속적인 영향을 미치는 사람들이 혐오를 조장하는 것은 사회적으로 매우 위험한 일입니다.

우리는 한국 사회의 혐오 문화가 어디서 비롯된 것인지, 또 이 심각한 문제를 풀 수 있는 방법은 없는지 고민했습니다. 각계 전문가들을 모시고, 혐오 문제를 살펴보는 좋은 기회를 마련했습니다. 이 책의 제목과 같은 「우리 시대 혐오를 읽다」란 이름으로 강좌를 진행했습니다. 초대받은 강사들이 제시하는 문제와 해법은 주목할 만한 것이었고, 강좌에 참여한 분들의 호응과 공감을 이끌어냈습니다.

소수의 사람들만 이야기하고 들을 문제는 아니라고 생각했습니다. 이런 이야기들을 책으로 만들어서 더 많은 사람들과 함께 고민하고 싶었습니다. 김진호 제3시대 그리스도교연구소 이사님, 이찬수 서울대 통일평화연구원 HK 연구교수님, 김홍미리 여성주의 연구 활동가님, 박미숙 한국형사정책연구원 선임연구위원님께서 기꺼이 뜻을 모아주셨습니다. 말로 했던 강의를 독자들을 위한 글로 바꾸는 번거로운 작업도 마다하지 않으셨습니다. 네 분 선생님의 노고가 모여 좋은 책이 나오게 되었습니다.

혐오는 사회의 건강성을 해치고, 혐오의 대상이 된 사람들에게 더없는 고통을 주지만, 유감스럽게도 혐오 문제를 고민하고 혐오를 넘어서기 위한 연구나 서적들은 별로 없습니다. 이 책이 한국 사회에 팽배한 혐오 문제를 이해하고, 나아가 대안까지 찾는 좋은 기회를 만들어줄 것입니다. 혐오 현상이라는 심각한 주제를 다루기에 깊이 있는 이야기들이 나오지만, 저자들이 자칫하면 어려울 수 있는 이야기들을 쉽고 재미있게 풀어주셨습니다. 저자로 참여한 분들의 연구와 실천이 우리 사회를 보다 성숙하게 이끌고 있습니다.

정부와 기업의 지원을 사양하는데도 꼬박 20년 동안 활동할 수 있는 근거를 마련해주신 인권연대 회원님들께 감사드립니다. 인권연대의 책 만들기 작업은 앞으로도 계속될 것입니다. 이 책을 읽는 독자들께도 감사드립니다. 우리의 마음이 모이면, 우리의 생각과 실천이 함께하면, 차별과 혐오를 줄일 수 있을 것입니다. 그만큼 살 만한 세상이 될 것입니다.

2019년 7월.

인권연대 오창익 드림

차례

1강

혐오주의적
대중 정치와
교회

김진호
제3시대 그리스도교연구소 이사

김진호

전 한백교회 담임목사, 계간 〈당대비평〉 주간, 제3시대 그리스도교연구소 연구실장을 지냈고, 현재는 제3시대 그리스도교연구소 이사로 재직하고 있다. 경향신문 고정 칼럼니스트로 활동 중이다. 주요 저서로는 『시민K, 교회를 나가다』, 『권력과 교회』, 『반신학의 미소』 등이 있다.

안녕하세요? 김진호입니다.

신학자로서 오늘 여러분께 말씀드릴 주제는 '교회와 혐오'입니다. 여기서는 특히 개신교에 대해 말씀드리는데요. 한국 사회에 혐오주의를 부추기는 주체이자 그로 인해 사람들로부터 경원의 대상이 되기도 하는 개신교의 문제점을 따져 보고자 합니다.

거리에 선 기독교

최근 한국 사회에 혐오주의가 만연하고 있습니다. 그런데 이는 우리만의 현상이 아니에요. 전 세계적으로 혐오가 증가하고 있습니다. 대표적으로 '난민 혐오'가 있지요. 유럽은 지금 이 문제로 몸

살을 앓고 있습니다. 물론 이는 오늘날 갑자기 생긴 문제가 아닙니다. 1차 세계 대전 이후에도 난민 문제가 심각했잖아요? 그래서 파시즘이 대두되었어요. 당시 난민에 대한 혐오주의적 대응이 파시즘 정권의 밑바탕이 됩니다. 결과적으로 2차 세계 대전의 원인이 되지요. 그런데 지금은 그때보다 더 많은 난민들이 유럽과 북아메리카를 떠돌아다니고 있습니다. 상황이 매우 심각하지요. 우리나라는 그 정도는 아닙니다만 최근 제주도에 도착한 난민 문제로 갈등이 본격화되고 있습니다.

그래서 지금 혐오는 전 지구적인 문제이며 우리나라도 결코 거기에서 자유롭지 않다는 게 제 생각입니다. 그렇다면 우리나라는 언제부터 이런 혐오 현상이 늘기 시작했을까요?

저는 그 계기가 1997년 IMF 외환 위기와 2008년 금융 위기 사태였다고 봅니다. 여러분 이후에 어떤 현상이 나타났나요? 정규직과 비정규직이 나뉘고 시장에서 퇴출된 이들도 무수히 나타났습니다. 다행히 정규직을 유지하고 있는 이들도 언제 퇴출될지 몰라, 살아남기 위해 물불 안 가리고 뭐든 해야 했습니다. 그리고 시장에 새로 진입하거나 재진입하려는 이들에게는 거대한 장벽이 세워졌습니다. 이런 상황에서 노동 조건은 굉장히 나빠졌고, 그나마 최소한의 노동자 대우도 받지 못하는 극도의 불안정 노동 시장이 크게 확장되기도 했지요. 사람들은 일상적 과로 상황에 놓였고 불안의 체감도가 크게 증대하였습니다. 사람들은 더 나은 미래를 기대하지 못하게 되었고 그것은 현실의 고통을 감내하는 능력을 퇴화시켰지요. 이런 상황에서 사람들은 어떻게 될까요?

우선 많은 이들이 이유 모를 질병에 시달리게 되었습니다. 피로 사회에 나타나는 '번아웃'burn out형 질병 이른바 소진성 질병이 확산된 것입니다. 소진성 질병은 절망의 질병이라고 할 수 있지요. 그렇게 몸과 정신의 소진성 질병은 곧잘 분노 감정에 대한 조절 능력의 퇴화로 이어지곤 했습니다. 사람들은 자신에게 화를 내기도 하고 타인에게 분노를 폭발하기도 했습니다. 자살률은 OECD 국가들 중 추종을 불허할 만큼 높아졌고, 집단 따돌림이나 '묻지 마 폭력'도 크게 늘었습니다. 사람들은 저마다 분노할 대상을 필요로 하게 되었던 것입니다.

그런데 이런 상황에서 사람들의 퇴행적 감정을 이용하고자 하는 자들이 등장합니다. 이른바 증오를 부추기는 자들이 있습니다. 교회가 바로 대표적인 증오의 촉진자 중 하나지요. 그래서 오늘 우리는 혐오주의의 온상이 되어 버린 한국 개신교를 이야기하고자 합니다.

요새 거의 매주 토요일마다 도심 곳곳에서 태극기 집회가 열립니다. 제가 보니까 대략 수십 명에서 수백 명 정도 모이는 거 같아요. 참여하신 분들은 대부분 노인들이에요. 이게 기독교랑 무슨 상관이냐 싶다가도 뭔가 냄새가 나요. 참고로 오늘 제가 말씀드리는 기독교는 개신교를 말합니다. 성당에 다니는 가톨릭 신자 분들은

사람들은 일상적 과로 상황에 놓였고 불안의 체감도가 크게 증대하였습니다. 사람들은 더 나은 미래를 기대하지 못하게 되었고 그것은 현실의 고통을 감내하는 능력을 퇴화시켰지요. 이런 상황에서 사람들은 어떻게 될까요?

오해 없으시길 바라고요. 그래서, 좀 더 구체적으로 그 집회와 개신교의 연관성을 살펴보았습니다.

그랬더니 우선, 자금이죠, 상당히 많은 돈이 개신교에서 나오는 듯했습니다. 집회 주도자 중 상당수가 신자예요. 태극기 집회의 개신교 참가자들은 크게 네 범주로 구분할 수 있습니다.

하나는 목사 등 개신교 지도자들이 동원한 신자들입니다. 두 번째로 탈북자가 있습니다. 한국에 들어온 탈북자의 절반 정도가 개신교와 연결되어 있고 그들 중 일부가 태극기 집회에 열렬히 참여하고 있어요. 세 번째가 소위 '광신도'로 불리는 열혈 신도들, 그리고 네 번째는 극우적 개신교 엔지오NGO 활동가들입니다. 이들은 대체로 젊은 분들이지요.

첫 번째 동원된 신자들부터 볼까요? 현장에 가서 보면 이런 분들은 대부분 노인입니다. 그런데 그 수가 갈수록 줄고 있어요. 2017년도 태극기 집회가 한창일 때 주최 측인 탄기국대통령 탄핵무효 국민저항 총궐기 운동본부은 새해 첫 집회에서 목사들 1000명이 거대한 십자가를 메고 행진의 선두에 설 거다, 이렇게 공언했어요. 그러면서 목사 가운을 1000벌 준비합니다. 그런데 실제로 집회 때 보니까 그 수에 훨씬 못 미쳐요. 그래서 아무한테나 목사 가운을 입혀서 거리로 나갑니다. 개신교에서 엄청나게 동참할 거라고 자신만만해했는데 그게 아닌 거예요. 그 무렵 기독교계 언론사 기자들이 집회를 취재하면서 놀랍니다. 평소 기독교 행사 때 늘 자리하던 인사들이 그날

유독 보이지 않는 거예요. 이걸 어떻게 해석해야 할지 몰라 심지어 제게도 물어봅니다. 그러면서 그들이 내린 결론이 뭐냐 하면 목사들이 교인들 눈치를 본다는 거예요.

예전 같으면 목사님 말씀은 거의 신의 계시나 다름없었습니다. 마음에 안 들어도 그냥 순순히 받아들여요. 그런데 시대가 바뀌어 이제는 목사들이 태극기 집회에 참여를 독려해도 저항이 심해요. 외려 목사들이 신도들로부터 항의를 받습니다.

실제로 대형 교회 신자가 제게 전화를 걸어서 하소연을 합니다. 우리 목사가 말도 안 되는 집회에 참여를 독려하고 있다, 이걸 어찌해야 하느냐면서 말이지요. 게다가 최근에는 개신교 인구가 감소하면서 이런 현상은 더욱 심화되었습니다. 가톨릭 성직자, 불교 성직자와 달리 개신교 성직자는 교인 수에 따라 생존이 좌우됩니다. 교인 수가 적으면 자기 자신의 삶은 물론 가족까지 먹고살기 힘들어져요. 다른 종교는 조직 내에 적응만 잘하면 일단 먹고사는 데 지장은 없잖아요. 반면에 개신교는 교인 수를 늘리는 성과를 내야만 살아남는 조직이에요.

우리나라 개신교는 장로교가 압도적입니다. 전체 신자 중 60퍼센트가 장로교* 교회에 다녀요. 사정이 이러다 보니까 다른 교파도 영향을 받습니다. 예컨대 감리교 교회 다니시는 분 혹시 있을지 모

---

* 　장로교. Presbyterianism. 16세기 종교 개혁으로 탄생한 개신교의 한 분파. 칼뱅주의를 토대로 한다.

르겠는데요, 거기는 원래 장로라는 제도가 없습니다. 그런데 한국 교회에는 거의 다 있어요. 침례교도 그렇죠. 장로교에만 있는 장로 제도가 우리나라에는 광범위하게 퍼져 있어요. 한국의 근본주의와 극우 성향의 근원지는 장로교인데, 해방 이후 남한 사회가 반공 사회로 재편되는 과정에서 가장 근본주의적 극우 성향이 강한 장로교가 양적으로 가장 큰 교단이 되었어요.

장로 제도가 확산된 이유는 '조직화' 문제 때문이에요. 많은 사람들을 어떻게 조직 내부로 끌어들일 것이냐. 사람들이 저마다 욕구도 다양하고 교육 수준 같은 것도 다 다르잖아요. 장로교는 이들을 하나로 묶어내는 역할을 교회의 장로가 합니다. 장로는 신자들의 투표로 선출되지요. 해서 대표성을 지니죠. 그래서 실제로 장로교에 있는 목사는 그냥 '바지 사장'인 경우가 많아요. 명목상 최고 지도자이지만 실제로는 장로들의 힘이 훨씬 더 강한 경우가 많아요. 한국 교회의 거의 모든 교단이 이처럼 '장로교화'되어 있습니다.

감리교는 감독제 교회입니다. 가톨릭과 성공회도 그렇고요. 감독제 교회는 성직자 조직이 강해요. 그래서 일반 신도보다 성직자들의 결의가 그 교단에 영향을 미쳐요. 그런데 앞에서 말씀드린 것처럼 감리교 교회들에도 장로가 있어요. 그러니까 실제로는 감독제와 장로제가 병행되어 있어요. 해당 종파의 법은 감독제인데 실상은 다른 거죠.

전 세계 여러 나라를 다녀보면 다양한 개신교 교파가 있어요. 그들마다 예배 방식이나 교회 운영 방식 등이 서로 굉장히 달라서, 같은 프로테스탄트 교회라지만 실제로는 완전히 다른 종교 같은 느낌이 들어요. 그런데 우리나라는 전국이 어디나 비슷합니다. 다 장로교 느낌이에요. 건물도 그렇습니다. 공간 구조에서부터 설교 방식, 직제職制 이런 게 다 비슷비슷하거든요.

그래서 우리나라 교회는 신자들 눈치 보는 일이 많아요, 구조적으로 신자들이 힘이 세니까요. 신자들이 어떤 태도를 보이느냐에 따라서 목사들의 행동도 달라집니다. 오늘날에는 일반 신자들의 민주주의 의식이 높아지면서 목사들의 극우적 발언이 자꾸 움츠러드는 형국이에요. 지난 태극기 집회가 이를 단적으로 보여줍니다.

'광신도'는 어떻게 만들어지는가

'은혜와 진리'라는 이름의 교회가 있습니다. 순복음교회 조용기 목사의 동생인 조용목 목사가 이끄는 교회로 우리나라에서 두 번째로 큰 교회이고요, 전 세계에서도 2위예요. 신도 수만 20만 명에 이릅니다. 조용목 목사는 2017년 3·1절에 태극기 집회와 연동되어 열린 구국 기도회에 교인들의 참여를 매우 열렬히 독려했어요. 45인승짜리 버스 20대를 동원했지요. 한데 이 일로 내부에서 비판의 목소리가 거세졌습니다. 과거에는 상상도 못 했던 일이에요. 거의 신이나 다름없었던 조용목 목사가 이후에는 교인들을 동원하지 않았어요. 아마도 교인들 눈치를 본 결과가 아닐까요.

2018년에는 대략 2만 명 정도의 개신교 신자가 구국 기도회에 참여한 것으로 추정됩니다. 2004년 참여정부 때도 3·1절 구국 기도회가 광장 예배로 기획되었는데 그때 개신교가 동원한 신자 수가 20만 명쯤 돼요. 그사이 10분의 1로 줄어든 거예요. 언론에서는 극우 집회에 그 정도 인원이 동원된 걸 보고 걱정하고 흥분하는데 그럴 필요가 없습니다. 동원력이 그전만 못해요. 현재 상황으로 보아서는 앞으로도 극우적 광장 집회로 교인들을 대대적으로 동원하기는 아주 어려울 것으로 보입니다.

2017년 12월경 전국의 교회들로 2000자가 넘는 장문의 카카오톡 메시지가 무차별 살포되었어요. '긴박한 현 시국'이라는 제목의 메시지였어요. 골자는 정부와 민주당이 계엄령을 선포하여 개신교 신자들을 대량 학살할 거라는 얘기예요. 보통 사람이라면 웃어넘기겠지만, 이걸 진지하게 보낸 사람의 의도를 따져 보지 않을 수가 없습니다. 도대체 왜 그랬을까요? 사람을 동원하는 일이 점점 어려워지면서 자꾸 무리수를 두는 게 아닐까요.

태극기 집회에 참여한 두 번째 범주의 사람들은 탈북자입니다. 한국에 유입된 탈북자들의 절반 정도가 개신교와 연계된 이들인데, 그들을 대상으로 선교를 적극 벌여 온 많은 교회들이 그들에게 돈을 주어요. 그분들이 한국에서 살기가 여간 어려운 게 아닐 테니 그들에게 생활할 후원금을 드리는 건 필요한 일이에요. 하지만 간혹 그것이 과할 때가 많아요. 마치 돈을 받기 위해 교회에 다니는 것처럼 보이는 이들도 있어요. 인터뷰할 때도 돈을 요구합니다. 그래서 태극기 집회에 참여한 탈북자들이 다 그렇지는 않겠지만 일부는 이른바 '알바 데모꾼'으로 알려져 있지요.

예전에 한국 전쟁 전후 활동했던 극우 단체로 서북 청년단이 있습니다. 1946년 미군정기 때 조직된 단체예요. 이북 출신으로 월남한 개신교 신자들, 특히 장남인 젊은 남성들이 다수였어요. 당시 북한의 개신교 신자들은 학력이나 자산 상태가 좋은 사람들이 많았어요. 무역과 산업이 발달한 지역을 중심으로 개신교가 성장했기 때문에 신흥 자산가 층이 많았습니다. 개신교가 세운 학교들도 많아서 고등 교육을 받은 사람들도 많았어요. 유독 청년이 많았던 이유는 노인이나 여성이 월남을 감행하기에는 위험하기도 했거니와 먼저 내려와서 자리를 잡고 가족을 부를 생각을 했기 때문입니다. 장남이 가족에 대한 책임 의식이 남다른 법이니 더욱 그랬겠지요.

그런데 막상 와 보니까 직업을 구할 수가 없었어요. 먹고살 일이 막막했어요. 물론 잘 곳도 없었지요. 일제 강점기가 막 끝난 당시 남한 사회는 북한보다 훨씬 경제적 조건이 열악했어요. 산업 시설도 별로 없는 데다가 있는 것마저 관리가 엉망이어서 제대로 돌아가는 공장이 없었습니다. 이 시기 한경직 목사의 활약이 두드러졌어요. 그도 북한에서 월남한 사람이었습니다. 한경직 목사는 1940

년대 후반에 신의주에서 목회를 했던 인물로 미국 유학파예요. 프린스턴 신학대학을 나왔습니다. 당시 미국의 주류 교파였던 북장로회에서 파송한 선교사들에 의해 목사 안수를 받았어요. 유능하고 성실해서 남한에 오자마자 미군정 통역관으로 일합니다. 한국전쟁 발발을 가장 먼저 세계에 알린 장본인이었어요. 해방 정국과 한국 전쟁기를 거치면서 남한 사회 개신교에서 가장 중요한 인물로 부상하지요. 1970년대 조용기 목사가 등장하기 전까지 남한 개신교의 절대 일인자라고 해도 과언이 아니에요. 바로 그가 세운 영락교회 청년 신도들이 주축이 되어 만들어진 게 서북 청년단이었어요.

한경직 목사는 영어를 할 줄 아는 기독교인 월남자예요. 그야말로 당시 미군정이 좋아할 만한 요소를 두루 갖춘 사람이었죠. 당시 미군정 사령관 존 리드 하지John Reed Hodge 중장은 맥아더 밑에서 잔뼈가 굵은 사람이었어요. 그는 맥아더의 복심 같은 사람이었으니, 맥아더가 자신의 영향력 아래 있는 아시아 나라들을 기독교 극우 국가로 만들려 했다는 걸 누구보다도 잘 알았을 거예요. 그러나 필리핀에서 그 계획은 성공하지 못했지요. 천황제가 강했던 일본에서도 성공하기 어려웠고요. 이런 상황에서 한국의 한경직은 안성맞춤의 인물이었어요. 반공 성향이 강한 장로교 목사인 데다 영어도 잘하는 통역관이었지요. 그는 미군정의 상당한 신뢰를 받습니다. 그런데 미군정이 하는 일 중 적산일본 제국주의가 남기고 간 시설 및 재산 관리가 있었어요. 당시 일본 천리교 종교 재산이 적지 않았는데, 미군정은 그중 일부를 한경직에게 불하해 주었어요. 얼마 후 영락교회로 개명한 성베다니교회도 그렇게 불하받은 적산으로 그가 세운 교회지요.

당시 미국 프린스턴 신학대학에 함께 유학했던 인물로 김재준, 송창근 같은 걸출한 인물이 있었습니다. 김재준은 훗날 경동교회가 된 성야고보교회를 설립했고, 송창근은 성남교회의 전신인 성바울교회를 설립했는데, 모두 성베다니교회와 설립일이 같아요1945년 12월 2일. 한경직 목사가 미군정으로부터 적산을 받아 친구들에게 나눠준 덕이에요. 김재준 목사는 학자이자 교육자로 한신대학을 설립했고 장준하와 더불어 〈사상계〉를 이끈 대표적인 계몽적 지식인이었지요. 그리고 박정희 군사 독재에 맞서 민주화 운동을 이끈 지도자였고요. 송창근은 애국 계몽 운동에 참여했다가 일제 강점기에 옥고를 치렀으나 이후 친일 활동을 한 바 있습니다.

한경직 목사는 월남자 정착촌도 만들어요. 남산 아래 해방촌이라고 있는데, 지금은 관광 명소가 되었지만 원래 월남한 사람들이 몰려 살던 곳입니다. 한경직 목사가 미군정으로부터 적산을 받아 만들었어요. 살 곳이 생긴 해방촌 월남자들 중 다수는 미군정 당시 서울 시경국장이던 장택상 같은 이에게 고용되어 백색 테러에 가담했던 것으로 알려져 있어요. 그들에게 백색 테러는 적그리스도를 제거하는 신의 소명에 대한 응답이었고, 부모와 형제, 자매에게 혹독한 고통을 안겨준 공산주의자들에 대한 복수였어요. 즉 그들에게 극우적 테러 활동은 이데올로기적 활동인 동시에 신앙적 행위였던 거예요. 따라서 이들이 받은 물질적 보상은 신의 소명에 응답한 대가로 받는 신적 선물인 동시에, 공산주의자들로부터 민족을 지켜낸 덕분에 받는 민족의 보응이라고 여겨졌어요.

성베다니교회를 필두로, 많은 월남자 교회들은 그러한 반공주의 행동을 지원하고 직접 가담했어요. 하느님의 은혜를 받은 반공 투사가 탄생한 거죠. 1940~50년대 당시 월남한 기독교 신자와 최근 태극기 집회에 참여하는 탈북자의 마음이 비슷할 거예요. 그들이 '알바 데모꾼'이라 하더라도 그것은 그들에게 신의 소명에 대한 응답이고 민족을 위한 행위의 대가로 해석될 것이라는 얘기죠.

세 번째로 개신교 태극기 집회에 참석하는 기독교도들은 이른바 '광신도'들입니다. 모두가 그런 건 아니지만, 몇 사람을 만나 얘기를 해보니, 적지 않은 이들의 삶의 궤적이 다음과 같았어요.

1950년대 우리나라에 산 기도원 운동이 일어납니다. 여러분 '산 기도원' 들어보셨어요? 일반적으로 기도원이라면 명상과 기도, 노동과 공동 식사를 하면서 친교를 나누는 공간을 상상하게 되는데요, 한국에서 기도원은 전혀 다른 방식으로 정착했어요.

이곳에서는 요란하고 흥분을 감출 수 없는 광란의 집회가 벌어졌어요. 타악기 소리가 흥분을 자극하고 사람들은 박수를 치고 몸을 흔들면서 열정적으로 찬양해요. 열기가 고조되는 중에 누군가

손으로 가슴을 치며 통곡을 시작하고, 다른 누군가는 "주여, 할렐
루야" 등을 반복하며 고래고래 소리 지르며 기도를 합니다. 그때
어떤 이가 나자빠지면서 거품을 내뱉고, 다른 이는 손과 발에 경련
을 일으키며 나뒹굴어요. 이때가 절정입니다. 그 순간을 정확히 포
착해서 부흥사復興師는 치유 행위를 시작해요. 성서 구절을 큰 소리
로 외치면서 악귀를 쫓아내는 축귀 의식을 거행하는 거예요. 그 절
정의 에너지를 받아서인지 누군가는 굽은 손이 펴졌다고 크게 소
리 지르고 또 어떤 이는 걸을 수 있다고 목발을 흔들며 뒤뚱뒤뚱
걸어요. 그러면 사람들은 더 열광적으로 찬송가를 부르며 울고불
고해요. 그렇게 부흥회는 끝이 나요. 한국의 기도원에서 흔히 볼 수
있는 풍경이지요. 그 병이 정말 낫는지는 모릅니다. 그 순간 나은
듯했는데, 많은 이들은 다시 원상태로 되돌아간다고 합니다. 하지
만 정말 나았다는 이도 있어요.

아무튼 부흥회는 병이 회복되든 아니든 많은 이들에게 심리적인
회복의 효과가 있습니다. 무너진 삶의 동력을 얻어 각박한 현실을
살아갈 심리적 에너지를 충전하게 되는 거죠.

한국 교회의 성장기 – 산동네에서 강남 한복판으로

한국에서 이런 현상이 시작된 게 바로 1954년도예요. 전쟁이 끝

나고 얼마 지나지 않아 폭발적으로 유행합니다. 저는 이걸 이렇게 해석해요.

1953년 휴전과 함께 적과의 싸움이 멈췄어요. 그런데, 공식적으로는 그렇지만 개인적으로는 그렇지가 않아요. 개인의 몸과 마음은 여전히 전쟁 중인 거예요. 전쟁이 내면화되면서 많은 사람들이 자기와의 싸움을 합니다. 그러다 몸과 마음이 병드는 사람이 너무 많은 거예요. 사회의 도움을 받을 수도 없습니다. 거의 없다고 해도 과언이 아닌 보건 의료 체계도 전쟁으로 다 무너졌어요. 치료를 받을 수 있는 사람은 극소수가 됩니다. 이들도 정상적인 방법으로는 치료를 받을 수 없어요. 당시 사회가 그랬습니다. 이를 상징적으로 보여주는 말이 '사바사바'예요. 은밀한 뒷거래를 통해서 정당하지 못한 일을 도모한다는 뜻의 속어입니다. 아마도 고등어를 뜻하는 일본어 '사바'サバ에서 유래한 것 같습니다. 아무튼 사바사바는 1950년대에 한국의 최고 유행어였어요.

당시 군대 상황은 매우 열악했습니다. 물자가 부족해서 군대 가면 배고프고 힘들어요. 또 가족의 생계가 막막해지게 돼요. 그래서 많은 사람들이 기피하려 했어요. 그런데 휴전 협정이 맺어진 뒤 한국에 파병된 각국의 군인들이 속속 철병하게 되자 국방은 이제 고스란히 남은 병사들의 몫이 되었어요. 병역의 수요가 엄청 늘어난 거예요. 휴전선 방어 시설도 없어서 병력뿐 아니라 방어 시설을 짓기 위한 용역의 수요도 크게 증대했어요. 그런데 사람이 없습니다.

군대에 가거나 군대 용역에 동원될 연령대의 청년들은 전쟁으로 대거 사망하거나 부상을 당했어요. 그럼에도 원칙적으로 모든 청년은 병역의 의무를 져야 했지요. 한데 힘 있는 사람들은 이래저래 빠져나갑니다. '사바사바' 해서 병역이나 용역을 기피한 거예요. 어쩔 수 없이 군대로 끌려간 청년들만 혹독한 병영 생활을 해야 했습니다. 남은 가족들은 먹고살 게 없어 동반 자살하는 사례도 있었어요. 군대가 그러니 병원도 마찬가지였겠지요.

이때 사회 전반적으로 '사바사바' 현상이 나타나요. 고통받는 개인이 기도원을 선택하는 일이 많아진 이유예요. 그나마 기회를 가진 사람들은 '사바사바' 해서 보호를 받지만 일반인은 그러지 못해요. 그럴 때 병을 치료해 주는 구마사들이 등장한 거예요. 한국 개신교가 여기서 중요한 역할을 합니다. 개신교계 구마사들이 대형 집회를 통해 구마 현상을 일으켰어요. 대표적인 인물이 둘이 있는데요, 박태선과 나운몽이라는 사람입니다.

박태선이 서울에서 집회를 열면 수십만 명이 모였습니다. 어마어마했죠. 이 사람은 특이하게 병을 고쳐 주는 의식뿐만 아니라 자활 운동에도 관심을 쏟습니다. 1950년대 말 '신앙촌'이라는 공동체를 세워요. 이를 기반으로 기업을 만들고 다양한 제품들을 생산합니다. 그러다 자신이 환생한 그리스도라고 주장하면서 기존 기독교계와 대립하게 됩니다. 1980년에 천부교라는 독자적인 종파를 만들어 활동하다 1990년에 병으로 죽습니다. 제가 보기에 이는 당시 한국 사회의 중요한 종교 현상 중 하나예요. 그러나 지금 이를 연구하는 학자는 거의 없습니다. 막강한 사회적 자원을 가진 주류 개신교로부터 이단 판결을 받다 보니까, 연구자들에겐 불리한 이력이 되거든요.

또 한 명의 인물은 나운몽입니다. 평안북도 출신으로 경상북도 김천 지역의 용문산에서 산 기도원을 시작해서 부흥회를 통해 많은 이들의 병을 치유해요. 한국형 산 기도원의 효시라고 할 수 있지요.

'당신 속에 있는 무엇이 당신을 고쳐줄 수 있다. 그분이 천지신명이기도 하고 부처님이기도 하고 공자님이기도 하고 소크라테스이기도 하고 맥아더 장군이기도 하다. 그분들이 내가 전하는 예수님이다.' 이런 식으로 사람들이 마음으로 선망하는 영웅들을, 그러니까 사람들의 내적 동력이 될 만한 모든 존재들을 불러내는 거예요. 그들이 당신의 병을 낫게 한다고 믿게 만듭니다. 이때 영웅들은 세속의 일을 관장하는 일종의 만신萬神 같은 존재가 됩니다.

이런 식의 관점을 종교학에서는 종교 다원주의라고 합니다. 유일신을 추구하는 근본주의가 하지 못한 믿음을 대중에게서 일으킨 거예요. 인간 안에는 수많은 신이 있거든요. 역사적으로 그랬습니다. 여기서 잠깐 근본주의와 다원주의에 대해 말씀을 드릴게요.

근본주의 신앙은 세속적인 것과 영적인 것을 이분법적으로 나누어 생각합니다. 세속적인 것을 멀리하고 영적인 것만 추구하지요.

그런데 그 기준이 무엇이냐, 영적인 것은 당연히 서구적 신의 개념이 됩니다. 하느님만이 유일해요. 당연히 한국의 전통 종교는 세속적인 것으로 배척 대상이 됩니다. 멀리하고 제거해야 하는 거죠. 이런 근본주의가 유입되면서 한국 개신교의 정체성을 형성하게 되지요. 이런 근본주의 신앙이 가장 활성화된 종교는 개신교인데, 그중에서도 한국이 심각한 편입니다. 그동안 사람들의 마음속에 있는 다양한 신을 철저하게 부정해요.

반면, 다원주의는 이러한 다양성을 인정합니다. 우리가 위기에 처하면 어떻게 돼요? 자기가 믿는 종교의 신만 찾지 않아요. 모든 신을 다 찾습니다. 제1성서^{구약 성서}의 『요나서』에 이런 대목이 나옵니다. 요나가 타고 있던 배가 풍랑을 만나서 침몰할 위기에 처합니다. 이때 배 안에 있던 사람들이 죄다 자기 신들을 불러내요. 이 신, 저 신 모든 신들에게 기도합니다. 당시 이는 당연한 일이었습니다.

고대 지중해 항구에는 신전이 여럿 있었어요. 신들의 집이지요. 뱃사람들은 이 모든 신전에 가서 기부금을 바칩니다. 왜냐하면 행여 빼먹은 신이 삐칠지도 모르기 때문이에요. 모든 신께 다 비는 거예요. 목숨을 걸고 바다를 건너야 했을 뱃사람들의 마음이 헤아려집니다. 인간의 마음이 그렇습니다. 우리가 심적으로 너무 아프고 힘들면 내가 동원할 수 있는 모든 존재를 다 호출해요. 그게 신일 수도 있고 이념일 수도 있고 부모일 수도 있습니다.

앞서 나운몽이 했던 행동도 바로 이런 맥락이에요. 나운몽은 하

'당신 속에 있는 무엇이 당신을 고쳐줄 수 있다. 그분이 천지신명이기도 하고 부처님이기도 하고 공자님이기도 하고 소크라테스이기도 하고 맥아더 장군이기도 하다. 그분들이 내가 전하는 예수님이다.' 이런 식으로 사람들이 마음으로 선망하는 영웅들을, 그러니까 사람들의 내적 동력이 될 만한 모든 존재들을 불러내는 거예요. 그들이 당신의 병을 낫게 한다고 믿게 만듭니다. 이때 영웅들은 세속의 일을 관장하는 일종의 만신 같은 존재가 됩니다.

나님으로부터 구원을 받으면 몸과 마음의 병이 나을 것입니다, 하고 이야기해요. 근본주의와는 차이가 있습니다. 근본주의는 마음에만 영향을 미칩니다. 내 마음을 구원받는 것이 목적이지 병을 낫게 하지는 않아요. 물론 몸이 건강해질 수는 있지만 그건 어디까지나 부수적인 거예요. 나운몽은 그게 아니라 1 플러스 1 즉, 몸과 마음이 함께 구원받는다는 거예요. 이때 그런 몸과 영혼의 구원을 가능하게 하기 위해 그는 사람들 각자가 내면에 모시고 있던 모든 신적 존재들을 불러내요. 그리고 그 존재들이 자기가 말하는 하느님이라고 해석했던 것입니다. 바로 이런 부분들이 개신교 주류와 마찰을 빚은 겁니다. 개신교 주류는 처음에는 나운몽의 구마 행위에 대해 흥미로워하다가 1955년부터 이단으로 지목합니다.

나운몽이 부흥회로 사람들을 끌어모을 때 같이 따라다니던 인물 중에 청년 조용기가 있었습니다. 훗날 그가 독자적인 부흥사로 활동하면서 주장한 신앙론이 바로 '삼박자 구원론'인데요, 나운몽이 말했던 몸과 마음에 돈을 더한 겁니다. 즉, 조용기에게 구원이란 영혼과 몸이 구원받는 것과 물질적 풍요를 얻게 되는 것이 한꺼번에 이루어진다는 거예요. 하나라도 빠지면 구원이 아니에요. 이런 주장은 당시 풍요로운 삶에 목말라하던 사람들의 절대적인 호응을 얻습니다.

1958년 조용기는 서울의 산동네에 천막 교회를 짓습니다. 당시 사회는 전쟁이 끝난 지 얼마 되지 않아 매우 열악했습니다. 농촌 공동체는 해체되고 서울로 몰려든 사람들은 당장 살 집부터 걱정 해야 했어요. 거처가 없는 사람들이 서울 인근의 야산에 대충 집을 짓고 살았습니다. 그렇게 해서 생긴 주거지 중 하나가 산동네예요. 환경이 좋지 않습니다. 상하수도 시설이 안 돼 있잖아요. 위생 상태 가 안 좋다 보니 전염병이 돕니다. 불도 자주 나죠. 가난과 궁핍, 질 병 속에서 하루하루를 살아갑니다. 이들에게 몸과 마음의 구원은 물론 부자가 될 수 있다는 말이 얼마나 달콤했겠어요. 절박할수록 더 믿음이 강해졌겠지요.

제가 나운몽에서 조용기로 이어지는. 이 흐름에 주목하는 이유 가 있습니다. 한국에 기도원 현상이 일어나면서 대중 신비주의 운 동이 만연했어요. 근본주의적 기독교에서는 볼 수 없는 일이지요. 이를 주도했던 사람들은 대중을 사로잡는 비결이 있었습니다. 그 들의 욕망을 알아챈 거예요. 그런 사람들이 부흥사를 자처하면서 사람들을 끌어들입니다. 교회에서도 하고 기도원에서도 해요. 특 히 산에 있는 기도원 부흥회가 엄청나게 성공해요. 이런 과정을 통 해 신도 수가 어마어마하게 늘고 교회가 성장하면서 세상의 주목 을 받죠. 1960~90년대가 그랬습니다. 이때가 한국 교회의 대부흥 기였어요. 어마어마하게 성장하는데 그 중심에 부흥사들이 있었어 요. 조용기가 대표적인 인물입니다.

박정희 군사 독재 정권 때 한국 교회가 급성장하는 데에는 조용 기 같은 인물의 역할이 컸습니다. 삼박자 구원론을 통해 현실의 고통을 감내하면 앞으로 부자가 될 거라고 약속합니다. 실제로 경제 성장의 효과로 적지 않은 사람들이 부자가 됐지요. 문제는 그러지 못한 사람들이었습니다. 모두가 혜택을 받은 게 아니었으니까요. 이때 교회는 자신들의 약속이 잘못되었다고 인정하는 대신 신도를 탓합니다. 믿음이 부족하다는 거예요. 그러면서 또 부흥회를 엽니다. 신도들이 더 열렬히 참여하죠. 더 강렬한 자극이 필요한 이들은 산 기도원에 들어가서 더 뜨겁게 체험하고 옵니다. 문제는, 그러면서 현실 감각이 떨어지는 사람들이 생긴 거예요.

당시는 여유 시간이 많지 않았습니다. 일주일 내내 일하던 시절 이잖아요. 퇴근 시간도 없던 시대에 수요 기도회 참여하고 금요 철야 기도회 참여하고 일요일 예배 가고, 이걸 다 어떻게 하겠어요. 그런 사람들이 아예 산 기도원에 붙어삽니다. 어차피 신도들이 십시일반 기부해서 유지하는 시설이다 보니 그런 사람들을 먹여 살릴 만한 능력이 돼요. 이렇게 상주하게 된 사람들이 산 기도원 부흥회를 키우는 역할을 합니다. 전적으로 기도원 일을 도우면서 행사를 치르는 인력이 되었습니다. 그러다 분위기가 1990년대부터 바뀝니다.

사람들의 생활 수준과 교육 수준이 높아지면서 이런 부흥회가 너무 불합리해 보이는 거예요. 미신 같잖아요. 이런 흐름을 감지한 교회 목사들이 신자들을 부흥회에 보내기를 점점 꺼립니다. 그래서 이 시기 기독교 교계 신문을 보면 산 기도원 매각 기사들이 많아요.

대신 이때부터 도시를 중심으로 서울에 거리의 전도자들이 나타납니다. 그런데 이들이 사용하는 말이나 논리가 산 기도원과 비슷해요. 왜 그럴까, 궁금했습니다. 그래서 거리 전도자 두 명을 인터뷰했어요. 그랬는데 두 사람 다 삶의 궤적이 비슷해요. 그전에 산 기도원에서 지내던 사람들이었습니다. 기도원이 문을 닫자 갈 곳을 잃었는데 그냥 집으로 돌아가기에는 자아가 너무 세요. 평범한 가정생활이 맞지가 않습니다. 가족들과 불화가 생겨요. 게다가 일반 교회도 이들이 보기에는 믿음이 약합니다. 그러니까 목사와 충돌하게 되지요. 그렇게 거리를 전전하던 사람들이 새로운 거처를 찾는데 그곳이 바로 태극기 집회 현장입니다.

매주 열리는 놀이터가 생긴 거예요. 그분들을 만나서 이야기하면 쉽게 흥분합니다. 인터뷰할 때도 제가 질문 몇 가지 던지면 그 후로 쉴 새 없이 말이 이어집니다. 주로 비난 일색인데요, 처음엔 정치인이나 목사를 비난하다 조금 후엔 영락없이 자식과 아내를 향한 분노로 이어집니다. 세상 모든 게 불만이에요. 제가 태극기 집회에서 만난 사람들 중 남자 노인들이 특히 많았습니다. 그분들 중 일부는 이른바 개신교계 광신도로 세상 모든 것에 분노하고 있는 분들이라는 거예요. 이분들은 앞서 말씀드린 탈북 개신교 극우주의자나 목사가 동원한 사람들과 달라요. 목사 말을 잘 안 들어요. 독자적으로 행동합니다.

이제까지 태극기 집회에서 만난 기독교인 중에 광신도 성향인 사람에 대해 설명드렸습니다. 네 번째로 태극기 집회에서 만날 수 있는 사람들은 극우 엔지오 NGO, 비정부 민간 단체 소속입니다.

최근에 유명해진 기독교 엔지오가 한 군데 있지요? 바로 '에스더 기도운동'이라는 단체입니다. 가짜 뉴스의 발원지로 지목된 곳이기도 한데요, 제가 태극기 집회에서 만난 젊은이 중에 이런 엔지오 소속이 많았습니다.

극우 기독교 엔지오들이 하는 일이라는 게 주로 비타협적인 투쟁이에요. 한동안 '땅 밟기'라고 해서 다른 종교 시설, 예컨대 사찰에 난입해서 난동 부리거나 시설을 훼손하는 행위가 있었지요. 이들이 더 위험한 이유는 신념에 차서 계획적으로 행동한다는 겁니다. 저 사람이 정말 싫다, 폭력을 써서라도 물리치고 싶다고, 우리가 생각을 하더라도 행동으로 옮기지는 못하잖아요. 그런데 이 사람들은 합니다. 이유가 뭘까요?

타 종교에 대한 폭력이 이들에게는 일종의 훈장이 됩니다. 예컨대 극우 엔지오 회원 몇 명이 땅 밟기를 합니다. 그럼 거기에 속한 회원들이 이를 영웅적인 행동으로 추켜세워요. 실행한 리더는 신앙적으로 승진을 합니다. 집단 안에서 주도적인 지위를 얻게 되는 거예요. 이를 부러워하는 다른 회원들도 비슷한 행동을 취하게 되지요.

변화와 성찰의 시간

저도 젊은 시절에는 한때 강성의 복음주의적 개신교 단체에서 활동했습니다. 극우적 활동을 한 것은 아니지만 심정적으로 극우적이고 보수적이며 권위주의적인 정부에 동조하는 경향이 강했지요. 하지만 지금처럼 폭력적인 행동을 하지는 않았습니다. 어찌 보면 사회 전체가 극우라 특별히 기독교 극우 단체가 필요하지 않았을 수도 있습니다. 저를 포함한 복음주의 선교 단체 회원들은 극우 활동보다는 전도에 힘을 쏟았어요. 국내와 국외로 가는 열정적 민간 전도자 같은 거죠. 당연한 일이지만 전도 행위의 수단으로 인터넷 댓글 달기나 가짜 뉴스 유포 같은 걸 하지는 않았죠.

여러분, 해외 선교 활동이라는 게 말처럼 쉽지가 않습니다. 대단한 결단력이 필요해요. 선배 한 분은 제가 만났을 당시 15년 동안 브라질에서 선교사로 활동했어요. 보통은 음식도 입에 안 맞아서 힘들어하는데 이분은 현지인과 똑같이 먹었대요. 엄청난 노력을 한 거예요. 그런데 문제는 그 선배가 15년 동안 개종시킨 사람이 한 명도 없어요. 고아를 입양해서 데리고 살았는데, 그 아이가 15년의 유일한 성과였다는 거죠. 선교라는 게 그만큼 어렵습니다. 이걸 다 알고 가는 거예요.

그런데 개신교계 극우 엔지오는 자신들이 선택받은 사람이라는 선민의식을 가지고 극우적인 행동을 합니다. 태극기 집회에서 성

조기 보신 분들 많을 거예요. 그쪽 사람들은 미국을 영원한 우방이라고 생각하니까 그렇다 치더라도 뜬금없이 등장하는 이스라엘 국기는 뭘까요? 아시다시피 개신교 극우주의자들은 유대인들을 적대시해요. 그러니까 유대인들의 나라인 현대 이스라엘국에 대해서도 증오하지요. 하지만 기독교도들과 이스라엘 국민은 성서, 특히 제1성서구약 성서를 공유하지요. 해서 제1성서의 고대 이스라엘에 관한 신화도 공유하고 있어요.

한편 현대 이스라엘국의 근본주의자들은 자기들이 선택받은 백성이라고 믿으면서 나라를 건국했어요. 시온주의가 그들의 이데올로기지요. 한데 개신교 극우주의자들은 현대 이스라엘이 선민이 아니라 적그리스도라고 생각해요. 그리고 자기들이야말로 진정한 선민이라고 믿지요. 이런 개신교 선민 담론의 신봉자들이 자신들을 다윗의 진정한 후손이라고 믿으면서, 이스라엘 국기를 현대 이스라엘이 차지할 자격이 없고 자기들이야말로 그 국기의 진정한 주역이라고 생각해요. 이스라엘 국기는 다윗을 상징하는 별이 있고 그 위와 아래에 선이 그어져 있는데, 위의 줄은 '단', 아래 줄은 '브엘세바'를 뜻하죠. 단은 다윗의 북쪽 국경 끝의 지명이고 브엘세바는 남쪽 끝의 지명이거든요. 그러니까 다윗의 영토를 말하는 거죠. 그 영토의 백성이 현대 이스라엘 국민이 아니라 자신들, 즉 근본주의 신앙을 가진 선민주의적 그리스도인이라는 거, 이것이 그들이 이스라엘 국기를 들고 나온 이유인 거죠.

이런 선민 담론은 극우가 비주류일 때 강하게 나타나요. 정권이 바뀌고 자기들이 지지하던 대통령이 감옥에 갔으니 이제 박해받는 선민이 되는 거예요. 지금 청년 극우 개신교 집단 사이에 이런 선민의식이 공유되는 것 같아요.

지금까지 네 범주로 태극기 집회에 참여한 개신교 신자들을 말씀드렸는데, 연령으로만 보면 노인들이 압도적으로 많습니다. 이와 관련해서 짚어야 할 것이 노인 복지 문제입니다. 지금 노인은 한국의 산업화 과정을 온몸으로 겪은 세대입니다. 이들 중엔 경제성장의 혜택을 받은 사람도 많지만 그렇지 못한 사람도 많아요. 태극기 집회에 참가한 노인 중 다수가 그렇습니다. 우리 사회가 이런 분들을 흡수할 장치가 없어요.

최근 사회적으로 극우화된 노인 세대에 대한 연구가 있어요. 이분들의 세대적 경험에 초점을 둔 연구예요. 지금 70~80대 노인들은 1940~50년대에 태어난 분들이에요. 흔히 말하길 격동의 근현대사를 살아온 분들입니다. 행복한 기억이 별로 없어요. 게다가 경제적으로 궁핍해요. 우리나라는 노인 빈곤율이 매우 높습니다. 그래서 개신교의 문제이자 사회 문제다, 이런 말씀을 드리고 싶어요.

다음으로 우리나라 개신교의 논리랄까, 사회를 바라보는 왜곡된 시각을 혐오와 관련지어 이야기해볼까 합니다.

우리나라 개신교가 혐오하는 대상 중 대표적인 것이 바로 동성애 문제입니다.

제가 어느 대형 교회의 장로와 인터뷰를 했는데 이분이 무척 똑똑한 분이에요. 경제적으로도 윤택해서 좋은 직업에 단란한 가정을 꾸리며 살아가는 중산층입니다. 그런데 어느 날 이분이 다니는 교회에서 목사가 동성애를 비난하는 설교를 하더래요. 동성애자에 대해서 편견이 있었지만 사실 관심이 없었던 사람이에요. 그런데 목사가 하도 열을 올리고 비난을 하는데, 사실관계가 다른 말을 많이 했던 모양이에요. 게다가 논리 비약이 너무 심했던 것 같아요. 그는 자기도 모르게 동성애 관련 기사들이 눈에 들어오고 귀에 들리게 되었던 모양입니다. 그는 매일 미국의 뉴스를 듣는 사람인데, 그즈음 동성애 기사들이 제법 많다는 걸 발견했다고 합니다. 한데 동성애 문제에 대한 '글로벌 스텐더드'는 그들이 편견의 대상이 되어서는 안 된다는 거예요. 그것은 인권 유린이라는 얘기죠. 그는 자기가 합리적 지식인이라고 생각하는 사람이에요. 자기가 인권을 침해하는 자가 된다는 걸 용납할 수 없는 사람이죠. 그래서 그 이후 그는 동성애에 대해 조심스럽게 말하게 되었어요. 그리고 '똘레랑스'라는 말을 동성애자에 대한 자신의 신념에 활용하기 시작했어요. 물론 심리적으로는 거부감이 여전했던 것 같아요. 요컨대 그는 두 개의 자아가 나타났어요. 속으로는 거부감을 갖지만 공적으로는 똘레랑스를 강조하는 거죠. 결국 목사의 반동성애적 주장이 그를 더 신중하게 변화시킨 거예요. 그는 여전히 보수적인 사람이지만 동성애자를 적대시하는 대신 관용하는 자로서 인권을 옹호하게 된 것이죠.

여러분, 개신교 신자들이 동성애에 거부감이 많을 것 같죠? 최근 아산정책연구원에서 몇 년에 걸쳐서 한국인들의 성 소수자에 대한 성향 변화를 조사했습니다. 그 결과는 놀랍게도 성 소수자가 자신의 성적 취향 때문에 불이익을 당해서는 안 된다고 생각하는 이들이 훨씬 많았고 그런 변화의 속도가 매우 빠르다는 것이었어요. 그런데 더욱 흥미로운 건 개신교 신자라고 밝힌 이들도 시민 사회 일반보다는 수치가 좀 낮지만 큰 틀에서 다르지 않았다는 거예요. 그러니까 상대적으로 소수의 개신교도가 동성애에 적대적 태도를 취하고 있다는 겁니다. 그들은 '시끄러운 소수'였다는 거예요. 단 개신교 신자들은 비신자들에 비해 성 소수자에 대해 거부감을 갖는 이들이 압도적으로 많았어요. 거부감에도 불구하고 성 소수자도 인권의 수혜자여야 한다고 보는 것이지요.

한국의 개신교 신자는 가톨릭만큼이나 고학력 집단이 많습니다. 이들은 '글로벌 스탠더드'를 선호합니다. 세계적 흐름에 뒤처지는 걸 부끄러워해요. 적어도 남들 앞에서는 합리적인 사람으로 보이고 싶어 합니다. 오늘날 동성애는 국제적으로 인권 문제로 다루어지고 있습니다. 이 때문에 차별해서는 안 된다는 게 큰 흐름이지요. 개신교 신자들도 이 사실을 잘 알고 있습니다.

표면적으로는 목사나 장로, 이런 사람들이 동성애 반대 운동을 조직하고 언론에도 이런 사실이 보도되고 하니, 개신교가 반동성애 운동에 엄청나게 영향력을 발휘하는 것 같지만 사실은 그렇지 않습니다. 내부적으로 이탈자가 많이 생기고 있어요. 게다가 비신자들의 반감을 삽니다. 지금 전 세계에서 한국이 동성애 탄압 국가로 비치고 있잖아요. 하지만 실상은 그런 선동이 개신교 신자들의 동조도 못 받는 경우가 점점 많아지고 있다는 거예요.

한국 개신교의 극우주의는 지금 서서히 그 힘을 잃고 있습니다. 최근 극우 개신교가 가장 힘을 쏟고 있는 반동성애 운동도 적잖이 위축되어 있어요. 다만 극우 개신교가 정치 세력화하면서 사회 전체가 극우화될 가능성은 여전히 있어요. 지금 북유럽의 대표적인 복지 국가 스웨덴에서 제1 야당이 극우 정당이에요. 우리나라에서도 제1 야당인 자유한국당이 극우화되고 있는 양상을 노골적으로 드러내고 있어요. 한데 과거 독일에 나치가 등장했을 때 중요한 역할을 했던 세력 뒤에는 극우 종교 집단이 있었습니다. 저 악명 높은 나치 친위대장인 하인리히 힘러 같은 이들이 가담했던 툴레협회 Thule Gesellschaft가 그런 집단이었고, 이 협회는 히틀러를 메시아로 지목했지요.

우리도 그럴 가능성이 있습니다. 정치가 극우 개신교를 이용할 수 있어요. 앞서 말씀드린 에스더 기도운동 같은 데가 그렇죠. 정치권과 결탁되었을 가능성이 있습니다. 그런 단체들이 점점 늘고 우리 사회에서 주도권을 형성한다면 정말 비극이겠지요. 경각심을 가져야 합니다.

혐오의 메커니즘 – 왜 고통은 혐오가 되는가

　개인적 행동으로서의 혐오는 내가 받은 상처를 적절하게 표출할수 없을 때, 비정상적으로 표출될 때 나타나는 현상입니다. 저는 이를 두고 '고통의 치환'이라고 표현합니다. 일종의 '묻지 마 화풀이'같은 거죠. 여기서 '묻지 마'라는 말이 '아무나'라는 뜻은 아닙니다. 그보다는 심리적으로 낙인찍힌 대상에 대한 화풀이입니다. 자기의고통이 저들 때문이라는 피해 의식을 동반하면서 말이죠.

　내가 아픈데 말을 못 한다, 그럼 어떡해요. 소리를 지르거나 몸부림이라도 치겠지요. 그것마저 안 되면? 가슴 깊은 곳에 맺힙니다. 저항 시인이던 시절의 청년 김지하는 이를 두고 한恨이라고 했어요. 너무나도 고통스러운데 표현할 수가 없습니다. 많은 학자들도한국인 고유의 정서를 표현할 때 '한'을 언급해요. 다만 김지하의한 개념은 민족 정서로서의 '한'과는 조금 다릅니다. 김지하는 '한'을 계급과 배제의 문제로 봐요. 사회적으로 배제된 사람의 표현하지 못하는 고통이 바로 한인 거예요. 고통은 때로 외침이 되고 때로 폭력이 됩니다. 문제는 이게 특정한 대상으로 향할 때입니다. 참다가 다른 누군가에게 쏟아내는 거예요. 그 대상은 주로 사회적 약자입니다. 이게 바로 혐오의 메커니즘이에요.

　한 청년이 어느 날 지하철역 근처 건물의 공용 화장실에서 젊은 여성을 살해했어요. 한동안 사회 전체를 뜨겁게 달구었던 강남역 살인 사건이지요. 문제는 왜 증오의 대상이 여성이었느냐입니다. 여기에는 여성을 분노 표출의 대상으로 삼은 혐오의 코드가 존재합니다. 집단적으로는 여성뿐 아니라 장애인, 성 소수자, 이주자 등도 곧잘 이런 사회적 혐오의 희생자가 됩니다. 개인적으로는 자기보다 약한 사람, 심지어 가족도 혐오의 대상이 되지요.

제가 인터뷰한 사람 중에 가정 폭력 가해자가 한 명 있었습니다. IMF 이후에 직장을 잃고 경제적으로 어려워지면서 가족 간 불화가 생겨요. 쌓인 분노가 결국 가족에 대한 폭력으로 나타납니다. 이웃들도 이 사람을 경계하기 시작합니다. 결국 집을 나와 노숙 생활을 하지요. 그러다 가끔 술을 마시고 식구들을 찾아가 행패를 부립니다. 결국 주민센터 복지사의 조언으로 한정치산자 신청을 해요. 요즘은 한정 후견이라는 명칭으로 바뀌면서 제도가 보완되었다고 하더군요. 정신이 온전하지 못해서 법적으로 제약을 받는 사람을 말합니다. 예컨대 이 사람이 주택 매매 계약 같은 법률 행위를 해도 법적 대리인이 없다면 그 계약은 자동 무효가 돼요. 그럴 능력을 법이 인정하지 않는 겁니다. 그 자신이 사회적 약자인데 그는 자신의 한을 자기보다 더 약자에게 퍼붓습니다. 그리고 사회는 그런 이들이 생기는 걸 막지 못했다는 점에서 공범일 수 있습니다. 그럼에도 더 약자에게 폭력을 휘두르는 이 사람의 위악적 행동을 심판하는 역할을 해요. 즉 사회 자체가 '성찰하지 않는 심판자'가 되는 거죠.

그 사람은 자기를 변명할 능력이 없어요. 어느 때부턴가 자신을 표현하는 언어를 상실했거든요. 말을 더듬고 횡설수설하고 맥락 없이 엉뚱한 말을 해요. 자신이 이렇게 추락한 현상을 변명할 능력을 상실한 거예요. 유일한 자기 표현이라는 게 아내와 아들에게 폭력을 행사하는 거예요.

무한 경쟁 사회에서 맨 밑바닥에 있는 사람들이 혐오의 대상이 되고, 그러면서 자기도 또 누군가를 혐오하는 악순환. 저는 이것이 오늘날 우리 사회에 만연한 혐오주의의 뿌리라고 생각합니다. 1997년 IMF 사태와 2008년 금융 위기 이후 우리 사회가 신자유주의 방식으로 급속하게 재편성되면서 생긴 현상이에요. 아주 급작스럽고 난폭한 변화였습니다.

우리가 혐오 문제를 해결하려면 이런 사회적 배경을 이해해야 한다고 봐요. 또 하나는 혐오를 부추기는 사람들을 경계해야 한다는 사실입니다. 학자들은 그런 혐오의 선동자들을 부정적 의미에서의 '예언자'라고 부릅니다. 혐오를 일으킬 만한 사회적 분위기가 팽배했을 때 이를 터뜨리는 게 바로 이들의 역할이에요. 파시즘 운동이 그랬습니다. 우리 사회는 어떻습니까? 행여 이런 '예언자'의 역할을 개신교가 하고 있는 건 아닌지, 그중에서도 특히 극우 개신교 엔지오가 전면에 있는 건 아닌지, 살펴봐야 합니다.

종교 연구가로서 저는 이에 대한 연구를 계속해서 우리가 혐오주의 극복을 모색하는 데 조금이나마 도움이 되고자 하는 소박한 꿈이 있습니다. 그럼 강의를 마치겠습니다. 고맙습니다.

청중 개신교 집단 중 젊은 극우에 대해 말씀하셨는데요, 그들의 동기랄까, 이렇게 전면에 등장하게 된 이유가 궁금합니다.

김진호 과거 선교 단체였다가 극우 엔지오가 된 경우가 많습니다. 탈정치적인 종교 조직이 이념화된 거예요. 이런 극우주의자들은 대개 이민자나 성 소수자나 공산주의자, 여성 등을 혐오의 표적으로 삼습니다. 그런데 이러한 정치적 혐오는 좌우를 가리지 않습니다. 극좌 혐오라고 이름 붙일 수 있는 역사적 사례들이 있어요. 중국의 문화대혁명이 그렇고요. 캄보디아의 크메르 루주 정권이 저지른 학살도 여기에 해당합니다. 이들의 공통점은 지식인을 혐오한다는 점입니다. 제가 예전에 캄보디아를 여행하다가 어떤 분을 만났는데, 이분이 바로 그런 피해자였습니다. 손가락 마디에 연필을 쥔 자국 때문에 고초를 겪었던 사람이에요. 연필을 잡았다는 이유로 혐오의 대상이 된 거예요.

종교적 혐오는 개신교도 그렇지만 이슬람 근본주의자들에게서도 찾을 수 있어요. 이들에게는 서구의 문화나 백인, 기독교 신자들이 혐오의 대상이 됩니다.

흥미로운 점은 이런 혐오의 대상 중에 빠지지 않고 등장하는 대상이 하나 있는데 바로 '여성'입니다. 극우든 극좌든, 개신교든 이슬람 근본주의자들이든 하나같이 여성을 혐오의 대상으로 꼽습니다.

우리나라에서 개신교 극우 엔지오가 성장하게 된 이유가 무엇인지, 한번 생각해 보죠. 앞서도 말씀드렸지만, 우선 요즘 젊은이들이 취업난에 시달리고 있지 않습니까? 사회에 대한 불만이 팽배할 수밖에 없어요. 하지만 그런 상처와 분노를 담아낼 사회적 그릇이 없습니다. 이때 혐오를 조장하는 극우 개신교 엔지오가 분출구가 될 수 있어요. 제가 앞에서 '극우적 예언자'라고 부른 게 그거예요.

젊은 활동가들은 그 안에서 경쟁하면서 자신의 능력을 확인하고 보상받는 기회를 찾게 돼요. 그 어디서도 받지 못한 관심과 대우를 극우 엔지오에서 경험하는 겁니다. 우리 사회는 엄청난 경쟁 사회입니다. 젊은이들이 가장 큰 피해자이지요. 아주 일찍부터 좌절을 경험합니다. 학생 때부터 직장에 이르기까지 어디 한 군데 편하게 쉴 공간이 없어요. 그렇게 무한 경쟁의 틈바구니에서 살아남기 위해 애쓰다가 결국은 고갈되고 맙니다.

이는 경제적으로 안정된 사람들도 마찬가지예요. 상대적으로 덜하긴 하겠지만, 이들도 기득권을 지키려면 끊임없이 자신을 소진시켜야 해요.

최근에 개신교에서 성령 운동이 많이 일어납니다. 과거에는 사회적 소외 계층에서 많이 일어나던 이런 운동이 요즘은 중상위 계층에서도 나타나요. 개신교에서 말하는 '성령의 제3의 물결'이 바로 그런 현상입니다. 첫 번째 물결은 산업화된 자본주의에서 몰락한 사람들 사이에서 일어납니다. 두 번째 물결은 소비 자본주의가 막 퍼져 나갈 때 등장해요. 세 번째 물결은 신자유주의 현상으로 인해 중상위 계층에서 일어납니다. 이 범주의 성령 운동의 지도자들 면면을 보면 교수, 변호사 등 중상위 계층이 대부분이에요. 자, 이것이 말해 주는 것이 무엇일까요? 돈이 많아도 현실적 고통에서 자유롭지 못하다는 거예요. 예전에는 부자들이 여유가 있었잖아요. 먹고살 만큼만 벌면 사람들도 더 이상 욕심을 안 냈습니다. 그런데 지금은 어때요? 먹고살기 위해서가 아니라 살아남기 위해 돈을 법니다. 중산층도 언제 나락으로 떨어질지 몰라요. 그래서 더 불안해합니다.

현실이 이렇다 보니 사회 진입을 준비하는 청년들이 불안과 고통에 취약해질 수밖에 없어요. 그래서 자꾸 극우 쪽으로 흘러드는 게 아닐까 생각해요.

청중 최근 젊은 층의 여성 혐오가 급증하고 있습니다. 그런데 선생님께서 말씀하신 것처럼 사회적 경쟁과 소외가 원인이라고 보기에는 너무 광범위해요. 공부를 잘하거나 못하거나, 잘살거나 못살거나 상관없이 여성을 혐오합니다. 여성을 혐오하면 할수록 자기들 사이에서 강한 남자로 추켜세워져요. 그래서 어쩌면 남성 연대, 즉 남성으로서의 정체성을 지키기 위해 여성을 희생시키는 게 아닌가

하는 의문이 들어요. 따라서 여성 혐오를 이해하려면 경쟁 시스템보다 왜곡된 남성성에 대한 성찰이 더 중요하지 않을까 싶은데요.

김진호 동감입니다. 그럼에도 그들이 출구 없는 시스템 속에 갇혀 있다는 점은 변함이 없습니다. 요즘 입시는 거의 청소년 학대 수준이잖아요. 그 안에서 성장한 친구들은 예외 없이 상처를 받습니다. 청년 대상의 강의를 하면서 느낀 점입니다만, 소위 잘나가는 대학의 학생들은 똑똑하지만 자기 검열이 심해요. 교수 눈치를 심하게 봅니다. 시스템에 대한 문제 제기는 찾아볼 수가 없지요. 그렇지 않은 대학의 학생들이 훨씬 저항적인 것 같아요. 그런데 그들의 저항이 종종 방향을 잃은 듯이 보이는 게 많아요. 어찌 보면 저항이라기보다는 반항이라고 느껴질 정도예요.

비슷한 현상이 개신교 사회에서도 보여요. 우리나라 대형 교회는 대학으로 치면 소위 일류 대학에 비교할 수 있을 것 같아요. 우리나라 대형 교회의 청년회는 양질의 결혼 시장입니다. 제가 그런 신자들을 대상으로 인터뷰한 적이 있어요. 상위 1퍼센트에 해당하는 명문대 법대생이었는데 나름대로 고민이 있어요. 부모 반대로 애인과 헤어졌다고 합니다. 저는 조금 당황스러웠어요. 그게 이유가 되나? 보통 부모가 반대하면 더 불타오르는 게 사랑 아닌가요? 그런데 인터뷰를 계속하면서 제가 오해했다는 걸 알게 되었습니다. 자기 부모가 아니라 교회 청년부 부모들이 반대한다는 거예요.

아니, 반대할 거라고 생각하는 거예요. 혹시라도 자기 시어머니가 될지도 모르는 사람들에게 부정적 평가의 대상이 되고 싶지 않다는 거예요. 일종의 자기 관리를 하는 거죠. 의도하지는 않았을지 모르지만 결과적으로 그렇습니다. 이분은 지금 내가 조금만 양보하면 양질의 결혼 시장에 진입해서 훨씬 조건이 좋은 배우자를 만날 수 있다고 생각하는 것 같아요. 이처럼 이성에 대한 판단과 선택의 배후에도 기득권의 보이지 않는 통제가 있는 거예요. 저는 젊은이들의 잘못이 꼭 그들 때문만은 아니라는 말씀을 드리고 싶습니다.

청중　제 경험인데요. 정치 문제만 나오면 극우적 성향을 보이는 친구들이 있는데, 다들 같은 교회에 다니더라고요. 청소년들이 개신교의 영향을 많이 받는다고 생각하시나요?

김진호　글쎄요, 객관적인 자료만 보면 꼭 그렇지가 않아요. 지금 10대 중반 이후부터 20대까지 청년 중 4퍼센트만 교회를 다녀요. 비율이 매우 낮지요. 나이가 어릴수록 더 낮아요. 그래서 요즘 교회에서 제일 만나 보기 힘든 연령대가 바로 청소년입니다. 개별적인 사례는 다를 수 있지만 전체적으로는 개신교의 영향력이 점점 줄어드는 추세입니다.

청중　교회에서 합리적인 신자가 늘고 있다고 말씀하셨는데요, 극우화를 막을 자정 능력이 있다고 보시는지요.

김진호　한국 개신교 내에서 극우 세력이 위축되고 있는 건 분명해요. 과거 MB 정부 때만 해도 한국 역사상 전무후무할 만큼의 거대한 규모로 정치와 종교 동맹이 형성되었습니다. 개신교가 나서서 특정 후보를 대통령으로 밀었잖아요. 아시다시피 이명박 전 대통령은 소망교회 장로였습니다. 그 과정에서 한기총^{한국기독교총연합}회 같은 개신교 조직의 영향력이 급상승했고요. 2016년도에는 독자적인 정치 세력화를 추구하기에 이릅니다. 하지만 그 결과는 처참했어요. 그해 4·13 총선에서 기독 정당은 단 한 석도 건지지 못합니다. 이유가 뭐였을까요? 결론은 신자들의 의식 수준이 높아졌다, 입니다. 당시 목사 같은 지도층들의 결속력은 그 어느 때보다 강했어요. 총선에 나서면서 반동성애 이슈에 '올인' 하다시피 했습니다. 그러면 사람들이, 최소한 개신교 신도들이 자신들을 지지할 줄 알았던 거죠. 하지만 착각이었어요. 이후로 개신교에서 극우의 영향력이 현저히 줄어듭니다. 그래서 제가 보기에 지금 한국 교회의 문제점은 '극우화'가 아닙니다. 이보다는 '귀족화'에 초점을 두어야 한다고 생각해요.

　한국은 대형 교회의 영향력이 막강한 나라예요. 전국적으로 900여 개 정도에 이릅니다. 이들 중에 후발주자라고 할 수 있는 교회들은 압도적으로 강남, 강동, 분당에 모여 있습니다. 이 교회에 다니는 50~60대가 지금 한국의 지배층이에요. 이들은 경제적 황금기를 경험한 사람들입니다. 이전처럼 전쟁으로 폐허가 된 상태에서, 무에서 유를 창조한 게 아니라 축적된 부를 누린 세대죠. 그래서 이들에게는 '풍요의 신학' 즉 나에게 주어진 부를 어떻게 잘 관리해야 하느님이 좋아하실까, 이런 물음이 중요합니다. 공통의 관심사를 갖고 그들만의 리그를 만듭니다. 개신교가 기득권을 유지 관리하는 매개체가 되는 거예요. 오늘날 강남 대형 교회에서는 사적 모임이 활발합니다. 이전에 없던 현상입니다. 오히려 저는 이런 부분에 관심을 가져야 한다고 생각합니다.

청중 　개신교에서는 성경에 동성애를 반대한다고 명시되어 있다고 말합니다. 근거가 있는 주장인지 궁금해요.

김진호 　성서에는 동성애를 반대한 것으로 추측되는 텍스트가 다섯 개 나옵니다. 그러나 이건 자의적인 해석에 불과합니다. 근대 이후 서구에서 그렇게 해석하는 경향이 있었던 것뿐이에요.

청중 　대학 내에도 극우 기독교 모임이 있습니다. 합리적인 사고를 가진 젊은 층이 극우 기독교 논리에 호응하는 이유는 무엇인지요.

김진호 　사람은 자기가 믿고 싶은 것만 믿는 경향이 있습니다. 설령 그것이 진실이 아닐지라도 말입니다. 좌우를 막론하고 극단적인 사고에는 이러한 인간의 본성이 깔려 있습니다. 가짜 뉴스, 음모론 등이 횡행하는 이유입니다. 합리적인 젊은이들이 기독교 극우세력에 관심을 보이는 데는 그들이 평소 자기 안에 있던 혐오를 논리적, 종교적으로 정당화하기 때문이 아닐까 생각합니다.

청중 대형 교회들이 극우 엔지오를 지원하고 있다는 말씀을 하셨습니다. 이를 막을 방법이 있을까요?

김진호 회계를 투명하게 하면 됩니다. 신자들이 교회에 낸 돈이 어떻게 쓰이는지 안다면 함부로 그렇게 못 해요. 현재 우리나라 대형 교회들의 재정은 매우 불투명합니다. 자산이 얼마고 누가 어디에 어떻게 돈을 쓰는지 알지 못해요. 담임 목사나, 재정 장로 같은 몇몇 사람들이 알아서 합니다. 이런 돈들이 극우 엔지오로 흘러드는 것이 아닐까 하는 의심이 듭니다. 잘 알지도 못하는 극우 단체에 공개적으로 재정 지원을 한다면 이를 허용할 신도들이 얼마나 되겠어요.

2강

혐오, 차별, 그리고 종교: 실선에서 점선으로

이찬수
서울대학교 통일평화연구원 HK연구교수

이찬수

현재 서울대학교 통일평화연구원 HK연구교수. 강남대학교 교수, 일본 코세이가쿠린^{佼成}學林 객원교수, 난잔南山대학 객원연구원 등을 지냈고, 인권연대 운영위원으로 활동하고 있다. 『인간은 신의 암호』, 『유일신론의 종말 이제는 범재신론이다』, 『종교로 세계 읽기』, 『다르지만 조화한다』, 『한국을 다시 묻다』^{공저}, 『근대 한국과 일본의 공공성 구상 1, 2』^공저, 『평화와 평화들』, 『아시아 평화공동체』^{편저}, 『녹색평화란 무엇인가』^{공저}, 『인간은 왜 폭력을 행사하는가?』^{공저}, 『탈사회주의 체제 전환과 발트 삼국의 길』^{공저} 외 다수의 책을 썼다.

혐오, 차별, 그리고 종교: 실선에서 접선으로

안녕하세요. 이찬수입니다.

저는 서울대학교 통일평화연구원에서 일하고 있는데, 오랫동안 해온 전공은 종교학입니다. 제도화된 종교에는 한계도 뚜렷하지만, 종교가 그들만의 리그로 끝나지 않고 인간의 보편적 가치나 정신적 깊이에 기반한 사회적 가치도 구체화시키는 역할까지 할 수 있다면 좋겠다는 희망도 버리지는 않고 있습니다. 여러 종교들의 공통 지향이 평화라고 생각하면서 개인화된 종교성을 사회적 평화와 연결짓는 글쓰기나 강의를 종종 하고 있습니다. 사회과학자가 읽으면 사회과학적 텍스트로 읽히되 인문적 깊이도 느껴졌으면 좋겠고, 종교인이 읽으면 종교적 영성이 느껴지면서도 사회의 기본적인 양식도 담긴 그런 연구를 하고 글을 쓸 수 있으면 좋겠습니다.

오늘은 혐오, 차별, 폭력의 문제를 종교와 연결시켜 이야기를 나눠 볼까 합니다. 혐오니, 차별이니, 폭력이니 하는 것들은 종교와는 무관한 언어여야 할 것 같은데, 현실은 반드시 그렇지만은 않죠. 종교가 도리어 이들을 조장하는 경우도 많다는 뜻입니다. 그렇다면 종교가 무엇이기에, 그리고 종교는 사회적으로 어떤 기능을 하기에 그런 일이 벌어지는지 알아봐야 하겠습니다. 일단 종교에 대한 이해가 저마다 다르다 보니 종교라는 말에도 오해가 생길 수 있을 것 같아서 종교란 무엇인지에 대한 기본적인 물음부터 던져 보겠습니다.

내적 체험과 그 표현으로서의 종교

인간은 자기가 경험한 일, 자기 생각, 이런 것을 다른 사람에게 전달하려고 합니다. 그게 말일 수도 있고 행동일 수도 있지요. 우리는 외적 표현을 통해 그렇게 표현한 사람을 이해합니다. 내가 누군가를 좋아한다면, "난, 네가 좋아"라는 말로 그 마음을 표현합니다. 슬쩍 선물을 할 수도 있겠지요. 그러면 상대방은 표현을 보고 '저 사람이 나를 좋아하는구나.' 이렇게 느낍니다. 나의 표현을 보고 상대방이 나의 내면을 느꼈다 싶으면, 상대방에 대한 자신의 내면에도 방향성이 생기면서 더 분명해집니다. 이렇게 우리는 살아가면서 표현을 통해서 내면을 전하고 서로 소통합니다. 인간 현상 대부분이 그래요. 종교라고 부르는 것도 마찬가지입니다.

어떤 내적인 체험과 그 체험의 외적인 표현들이 합쳐져서 종교의 토대가 형성됩니다. 외적 표현들은 다시 인간의 내적 태도나 정서에 영향을 주기도 하지요. 내적 체험과 외적 표현은 상호 관계성 속에 있습니다. 산사에서 들려오는 목탁 소리에 끌려 마음에 변화가 일어난 어떤 사람이 다시 그 마음을 다른 언어나 행동으로 표현하면서 다른 이에게도 영향을 줄 수 있겠지요. 그것은 다시 자신의 내면을 강화시키는 계기로도 작용합니다.

종교는 일종의 내적 체험에 대한 외적 표현으로 이루어져 있어요. 특히 종교라고 불리는 것의 경우 표현되는 내용은 일상적인 다른 경험과는 차이가 있지요. 종교 경험은 평상시와는 다른 어떤 특별한 내적 경험입니다. 이런 표현들이 언어화된 것이 경전입니다. 각종 교리, 기도문 등등 언어로 표현된 것들이 많습니다. 그리고 이러한 표현들은 사람들의 삶의 방식을 윤리적이거나 도덕적으로 규율하기도 하죠. 그리고 이러한 표현에 동의하는 사람들이 모이면 공동체가 형성됩니다. 이 공동체는 내적 체험의 사회적 표현입니다.

정리하자면, 종교적 내적 체험은 언어적, 실천^{윤리}적, 사회적이라는 세 가지 차원으로 표현됩니다. 종교라고 이름 붙여진 모든 것에는 거의 이런 공통적인 구조가 들어 있어요. 종교는 기본적으로 내적 경험이 외적으로 표현되고 사회적으로 확장된 결과입니다.

링컨Bruce Lincoln이라는 종교학자는 종교에는 내적 체험 혹은 신앙과 관련한 담론이 있고, 의례와 관련한 실천 행위가 있고, 담론과 행위에 공감하는 이들의 공동체가 있으며, 공동체를 제어하는 제도인 네 영역이 있다고 정리합니다. 이들 네 영역이 중층적으로 상호 작용하면서 서로를 강화시키거나 변화시킨다는 거죠.

경계의 안과 밖

종교는 끝없이 변화해 가는 동적인 실재예요. 그 과정에 공동체를 이루면서 구성원들 간 유대감을 강화시켜 나가요. 우리의 정체성은 이런 거라면서 최종적으로 자기들만의 경계를 설정해 나갑니다. 바로 이 지점이 우리의 주제인 혐오 내지 차별과 관련됩니다. 집단에는 흔히 안과 밖을 가르는 최종적인 외적 기준이 있지 않습니까? 여기까지 '우리'이고 여기부터는 '우리가 아니야.' 하는 그런 기준 말이지요. 바로 이 기준 혹은 경계에서 무슨 일이 벌어지는지를 살펴봐야 합니다. 이 경계가 그 안에 있는 구성원들의 체험이나 내면세계가 정말 종교적인가, 즉 불교적인가 아니면 기독교적인가 하는 정체성을 규정합니다.

종교는 이러한 경계를 계속 확장하고 싶어해요. 한편으로는 경직된 경계를 고수하면서 다른 한편으로는 더 많은 사람들을 그 안으로 끌어들이려고 하죠. 이렇게 해야 기독교적이야, 이래야 불교야, 하는 다양한 규범들이 있지 않습니까. 문제는 이러한 규범들이 마치 처음부터 고정적인 것이었던 것처럼 일방적으로 강제되는 순간 그 규범이나 경계의 원천인 내적 신앙이라는 것이 가려지거나 왜곡된다는 겁니다.

이 경계는 끝없이 변화해 왔어요. 실제로 어떤 기준이나 경계 하나만으로 기독교, 불교, 이슬람을 나눌 수 없어요. 대략 구별은 할 수 있지만 딱 여기까지가 특정 종교의 영역이다, 라고 말하기가 어려워요. 비슷하고 중복되는 부분이 있게 마련이에요. 좁은 이론의 차원에서는 경계가 당연하고 분명하다고 느낄 수 있겠지만, 거시적으로 보면 경계는 늘 불분명해요.

예컨대 특정 종교의 어떤 교리가 있다고 쳐봐요. 이 교리는 어떤 체험의 외적인 표현의 일부예요. 그런데 그 바탕이 되는 내적 체험은 사람과의 변화하는 관계 속에서 발생하고 형성된 것이에요. 그리고 외적 표현들은 이러한 내적 체험의 '일부'이기도 하고요. 일부이기에 "네가 좋아"라는 언어적 표현만으로는 그 좋아하는 정도를 고스란히 나타낼 수 없고, 그 언어가 좋아하는 감정의 모든 것도 아니에요. 선물을 주는 행위는 물론 심지어 침묵도 좋아함의 표현일 수 있습니다. 이런 모든 표현들을 부정하고 오로지 "네가 좋아"라는 언어만이 좋아하는 감정의 유일한 표현이라고 정하면 어떻게

한국의 기독교인 상당수가 동성애를 혐오합니다. 이들은 동성애를 금지하는 말이 성경에 담겨 있다고 주장해요. 하지만 성경이라는 것은 수천 년 전에 만들어졌고, 그렇게 만들어진 역사적 맥락을 봐야 해요. 어떤 가르침이 경전에 나온다면 그것이 쓰일 당시의 정치적 역학 관계성도 보아야 해요. 그 언어가 당시 사회에서 무슨 의미였는지 잘 봐야 합니다. 그러면 수천년 전 동성애 혐오 규정이나 의미가 오늘날에도 문자 그대로 적용될 수 없다는 사실을 알게 되지요.

되겠어요. 그런 표현의 제한이 오히려 내면에 영향을 끼쳐, '좋아하는 마음'까지 경직되게 만들 수도 있습니다. 종교가 문제가 되는 대부분의 경우는 내적 체험의 표현 중 일부만을 옳다고 강조하는 착각에서 비롯됩니다.

예컨대 한국의 기독교인 상당수가 동성애를 혐오합니다. 이들은 동성애를 금지하는 말이 성경에 담겨 있다고 주장해요. 하지만 성경이라는 것은 수천 년 전에 만들어졌고, 그렇게 만들어진 역사적 맥락을 봐야 해요. 어떤 가르침이 경전에 나온다면 그것이 쓰일 당시의 정치적 역학 관계성도 보아야 해요. 그 언어가 당시 사회에서 무슨 의미였는지 잘 봐야 합니다. 조금 더 객관적이고 냉철하게 들여다보면 돼요. 그러면 수천년 전 동성애 혐오 규정이나 의미가 오늘날에도 문자 그대로 적용될 수 없다는 사실을 알게 되지요. 표현 자체, 문구 하나만 보고 그걸 기준으로 다른 사람들을 단죄하겠다는 것은 상당히 경직된 사고방식이에요.

아무리 무한한 신에 대해 말하고 우주적 진리를 이야기해도 종교는 기본적으로 인간 현상입니다. 인간이 대단히 복합적 실재이듯이 종교도 복합적이에요. 한 인간은 어떤 민족에 속할 수도 있고 어떤 정치 체제 안에 있습니다. 자기 자신에 대해서는 주체이지만 다른 이에 대해서는 하나의 대상이기도 해요. 하늘을 추구한다지만 자본주의 사회에서 살 수밖에 없고, 자본의 논리를 극단적으로 거부하면서 살 수도 있지요. 한국의 경우는 아무리 기독교인이라고 해도 사회적으로는 유교적 질서로부터 자유로울 수 없고, 무슨 인연이 있는 것 같다고 하며 불교적 세계관에서 위안을 얻기도 합니다. 진화론을 거부하는 기독교인도 과학적 세계관에서 자유로울 수 없지요. 아무리 착한 사람에게도 누군가를 어떤 것을 미워하는 마음도 동시에 있을 수밖에 없는 게 바로 인간이에요.

종교라는 영역도 정확하게 나뉘지가 않아요. 종교는 민족, 정치, 윤리, 예술, 과학 등과 다르지만, 이들의 영향을 받지 않을 수가 없어요. 어떤 종교든 민족적이고 또 정치적이고 윤리적이고 예술적이고 과학적인 부분이 동시에 있습니다. 이것만이 종교야, 라고 순수한 종교 현상을 분리해낼 수가 없어요. 세상만사가 그렇듯이 종교도 복합적 실제라서 정치와 사회로부터 완전히 떨어져 나올 수 없고, 민족주의적 정서나 예술, 과학과 분리해서 존재할 수 없어요. 종교 현상은 기존 세계로부터 끝없이 영향을 받고 세계와 소통할 수밖에 없는 구조예요. 그런 점에서 종교의 경계는 실선이 아니라 점선이어야 한다고 봅니다.

경계는 실선이 아니라 점선이다

어느 집단이든지 경계가 있죠. 그런데 사람들이 이 경계를 실선으로 생각하는 순간 폐쇄적으로 변합니다. 스스로를 외부와 분리시키고 실선을 끝없이 더 외부로 확장하려고 합니다. 실선 밖의 영역을 무가치하거나 열등하게 여기면서 자기 선 안으로 끌어들이려 하죠. 물론 자기가 속한 집단이 커지면 기분이 좋아질 수 있을 겁니다. 종교 공동체도 신자들이 많아지면 정당성이 더 확보되는 느낌이 드니까 힘이 나겠죠. 그런 마음으로 자신의 외적 경계를 확장해 가려고 하는 것일 테고요.

하지만 이것은 삶의 근본 원리에 대한 배반입니다. 어떤 조직이든 끝없이 외부와 소통하고 과학과 소통하고 학교에서 배운 교양과 소통하고 기존 상식과 소통하면서 유지되어 갈 수밖에 없으니까요. 종교만 예외일 수 없습니다. 그래서 종교 공동체도 그 경계는 실선이 아니라 점선일 수밖에 없어요. 점선도 선은 선이니까, 안과 밖이 구분이 됩니다. 그 점선 안에서 자기 정체성도 유지됩니다. 하지만 밖과 소통하고 호흡하는 선이에요. 종교 공동체의 경계도 이렇게 점선처럼 생각할 필요가 있어요. 실선 중심의 사유를 하면서 외적 경계를 확장시키려고만 할 때 다른 사람에게 피해를 주게 됩니다.

그런 태도를 근본주의라고 합니다. 근본주의는 다른 이에게 불편과 피해를 입히면서까지 자신의 경계를 세워 가는 현상이에요. 자기들이 믿는 보편적 진리가 자신들만의 방식으로 세계화되어야 된다고 생각하는 거죠. 물론 근본주의에는 소극적 측면도 있습니다. 남을 의식하지 않고 외부 세계와 단절한 채 우리만의 실선적 경계를 내면 지향적으로 만들어 가면서 사는 방식이 그렇지요. 소극적인 의미의 근본주의입니다. 그나마 소극적인 근본주의는 사람들에게 피해는 안 주니까 다행이지요.

실선 중심의 경계 의식을 가지고 타자와 자신을 분리시키는 행위는 일종의 자기 정체성 유지를 위한 소극적 측면입니다. 그에 비해 자기 중심성을 유지하면서도 자기 정체성을 일방적으로 확대시키기 위한 것이 근본주의의 적극적 측면입니다. 우리의 주제인 혐오와 차별의 문제도 이 지점에서 발생합니다.

혐오-내 안의 두려움

우리가 정체성이라고 번역하는 영어 'identity'는 다소 딱딱한 표현이기는 하지만, 자기 동일성이라고 표현하는 것이 더 정확할지도 모릅니다. 일본에서는 그냥 아이덴티티, 라고 영어 발음 그대로 사용해요. 어쨌든 정체성이라는 것은 사전적으로 보면 상당 기간 일관되게 유지된다고 여겨지는 자기만의 고유한 성질이에요.

자기를 자기 되게 해주는, 즉 어제의 나와 오늘의 나를 동일하게 이어준다고 여겨지는 그 무엇이죠. 아이덴티티에는 정체성과 동일성이라는 두 가지 의미가 담겨 있어요. 나의 정체성은 언제나 동일성의 형태로 나타납니다. 어제의 나와 오늘의 나 사이에 불변하게 지속적으로 동일하게 여겨지는 무엇이 있다고 생각하는 순간 그 동일성 밖에 있는 것에 대해 대립적인 형태로 나타나게 되죠.

동일성은 차이를 거부합니다. 어제의 내가 외부의 다양한 것들을 받아들여서 오늘 새롭게 변했다, 차이가 생겼다, 이러면 동일하다고 볼 수 없잖아요. 어제의 나와 오늘의 나는 변함이 없다, 이렇게 생각하는 순간 정체성이 탄생합니다. 그래서 미국 백인의 정체성은 어제도 오늘도 같다는 전제하에 그와는 다른 인종, 특히 흑인에 대해 배타적인 태도를 보입니다. 비슷한 논리로 남성은 여성과 다르다고 생각하고, 이 정체성을 강화하면서 여성을 차별합니다. 백인이 흑인을 배제하면서 백인의 정체성을 정당화하려고 하는 것과 비슷한 구조입니다.

일본의 제국주의 역사도 비슷한 과정을 겪었지요. 일본은 근대에 들어서면서 서구 제국주의의 힘을 확인합니다. 이러다가 자기들도 먹힐지 모르겠다 판단하고는 일찌감치 부국강병의 길로 나서지요. 서양 문화를 받아들이고 서구식 근대화에 박차를 가합니다. 그런 식으로 자기 정체성을 만들어 가다 보니 같은 아시아 국가인 한국이나 중국이 더 우습고 마음에 안 드는 거죠. 과거에는 어땠는지 모르지만 '근대인'이 된 일본의 눈에는 열등해 보이는 거예요. 일본 제국주의가 한국이나 아시아 국가를 차별하는 방식으로 자신들의 정체성을 만들고 유지한 거죠. 타자를 배제하면서 자기 정체성을 더 강화시켜 온 것입니다. 차이를 다름이 아니라 틀림으로 규정하고, 틀리니까 차별하는 식입니다. 자신을 중심으로 보면서 타자를 배척하거나 주변부로 몰아넣습니다.

왜 다른 것을 다른 것으로 보지 않고 틀리다고 말할까요? 그것은 틀리다고 이야기하는 사람의 자기 정체성과 관련된 문제입니다. 그래야 내가 정당해진다고 느끼는 거예요. 내가 아닌 다른 존재를 부정할 때 내 정체성이 더 부각되는 느낌을 받는 거죠. 이것은 내 정체성 밖에 있는 것들이 말하자면 나를 오염시킨다는 생각으로 이어집니다. 이런 생각을 지키려면 어떻게 해죠? 벽을 쌓아야죠. 여기서 차별과 혐오가 생겨요.

자기의 정체성을 훼손한다고 간주되는 것들을 거부하는 감정이 혐오^{disgust}입니다. 혐오의 감정은 나와 너 사이에 언제나 실선을 긋습니다. 실선으로 경계선을 긋고 타자를 언제나 그 바깥에 두죠. 그래야 나의 순수성이 보존되고 나의 정체성이 확인된다, 유지된다, 라고 생각해요. 오염물을 경계 밖으로 밀어내야 순수함이 보존된다는 거예요.

미국의 법철학자인 마사 너스바움은 『혐오와 수치심』이라는 책에서 이렇게 말합니다. "역사 속에서 지배 집단은 자신이 지닌 동물성과 유한성에 대한 두려움과 역겨움을 느끼게 하는 집단이나 사람에게 혐오를 드러냄으로써 이들을 배제하고 주변화해 왔다."

그 안에 두려움의 감정이 있다는 거예요. 혐오의 감정은 혐오의 대상으로 여겨지는 것과 같은 모습을 자기 안에서 보면서 그것을 감추는 행위와 연결되어 있어요. 이건 분노와는 다릅니다. 우리가 어떤 대상에 분노할 때는 뭔가 개선의 여지가 있어요. 그 대상을 고치거나 도덕적으로 개선시킬 수 있다든지 하는 가능성을 열어 놓습니다. 반면에 혐오는 이런 가능성이 아예 없어요. 가능성이 없다보니 그저 자신의 경계선 밖으로 밀어내고 거부하는 겁니다.

자, 다시 일본 제국주의 이야기를 해보죠. 당시 일본이 아시아를 차별할 때 그 바탕에는 자신들도 아시아 사람이라는 콤플렉스가 있었어요. 그걸 감추려고 했던 거예요. 잔혹한 차별과 혐오의 방식으로 말이지요. 사실 역사적으로 일본은 중국과 한국에 많은 빚을 졌잖아요. 문자를 비롯해서 적지 않은 문화적 유산들이 중국과 한국을 거쳐 일본으로 건너갔습니다. 자기들도 알아요. 그런데 제국주의가 되면서 이걸 부정합니다. 절대 자기들은 우리와 같은 아시아인이 아닌 거예요. 일종의 자기혐오라고 할까요? 아시아를 벗어나려는 행위 속에 아시아에 갇혀 있을 수밖에 없는 선천적 운명이 들어 있는 거예요.

계몽주의 사상가인 후쿠자와 유키치는 일본 화폐에 등장할 만큼 일본 사회에 엄청난 영향을 끼친 인물입니다. 이 사람이 남긴 유명한 표어가 바로 '탈아입구'脫亞入歐예요. 문자 그대로 해석하면 아시아를 벗어나 '구라파' 즉, 유럽으로 들어간다는 뜻입니다. 일본은 지역적으로는 아시아에 있지만, 문명적으로는 유럽에 속한다고 생각하는 겁니다. 그렇게 유럽이 되고자 많은 노력을 기울였지요. 한국이 중국 중심 세계에 안주하고 있을 시절에 서구에 사절단을 보내고 지식인을 보내 그쪽 사회를 연구합니다. 그러곤 결론을 냈죠. 여러 가지 대안이 있지만 독일이 스스로를 확대시켜 왔던 것처럼 일본도 제국주의 형태로 나가야 한다, 그것이 일본을 지키고 아시아를 지키는 길이다, 이렇게요. 실제로 일본은 메이지 유신 이후 급격하게 팽창주의로 나아갑니다. 이를 이론적으로 뒷받침한 사람 중의 하나가 아까 말씀드린 후쿠자와 유키치라는 인물이에요. 근대 일본의 부국강병 이론을 제공한 사람으로 일본 사회에서는 진보, 보수를 떠나 존경받습니다.

'탈아입구', 즉 일본이 유럽이 되자고 외친 이면에는 아시아인이라는 데 대한 자기혐오가 있습니다. 그렇게 자신의 실질적 정체성을 괄호에 친 채 유럽의 일원이 된다는 외적 자부심으로 무장하면서 근대 일본이 출발해요. 즉, 우리가 어떤 대상이나 어떤 사건에 혐오를 느낀다는 것은 거기에서 보이는 자신의 모습에 괄호를 치는 행위라고 할 수 있습니다.

'거룩함'의 이면

다시 종교 이야기로 돌아가 볼까요. 기독교에서 자주 쓰이는 언어 중 하나가 '거룩함'성스러움입니다. 구약 성경 『레위기』에 보면 "너희는 거룩하라. 이는 나 여호와 너희 하나님이 거룩함이니라"^{19:2} 하는 말이 나옵니다. 얼핏 쉬운 말 같지만 따져 보면 생각해 볼 것이 많아요. 거룩함이란 무엇일까요? 여러 해석이 가능하지만 우선, 거룩함은 거룩하지 않은 어떤 것을 전제로 하는 개념입니다. 그렇다면 거룩하지 않은 것은 무엇인가. 부정한 것, 즉 더러움이겠지요. 그래서 거룩함은 부정한 것과의 분리예요. 거룩함을 실천하려면 부정한 것을 버려야 해요.

그런데 정작 기독교인이 주님으로 섬기는 예수는 '거룩'이라는 말을 쓴 적이 없습니다. 대신 '자비'라는 말을 썼죠. '온전'이라는 말을 쓰기도 했는데, 이 두 용어는 '거룩'과는 차이가 있어요. 거룩은 거룩하지 않은 것, 부정한 것과 분리의 형태로 나타나는데, 자비는 부정한 것을 포용하는 형태로 나타나요.

일반인도 잘 아는 성경 이야기 가운데 착한 사마리아인 이야기가 있어요. 사랑해야 할 이웃이 누구인지 묻는 율법 교사에게 예수가 해 준 이야기입니다.^{누가복음 10: 25-37} 내용이 이래요. 어떤 유대인이 예루살렘에 갔다오다가 강도를 당했어요. 피 흘리면서 죽어 가고 있는데 지나가던 제사장이 그 장면을 보고는 피해서 갑니다. 왜 그랬을까요? 예루살렘은 당시 유대인들에게 거룩한 도시예요. 성전이 있는 곳이고 하느님이 함께 계시는 거룩한 도시라서 많은 사람들이 찾는 곳이지요. 제사장은 말 그대로 신께 드리는 제사를 관장하는 사람입니다. 모든 종교 사회적 책임의 정점에 있는 사람이고, 거룩하다고 여겨지는 사람입니다. 그가 피 흘리고 죽어 가는 유대인을 봤어요. 그런데 구해 주기는커녕 슬쩍 피해서 갑니다. 당시 피는 부정한 것이었어요. 몸 안에 있는 생명의 근원이기에 몸 밖으로 나와서는 안 되는 것이었습니다. 고대 이스라엘 사회에서는 죽어 가고 있는 것은 부정해요. 그래서 제사장은 피 흘리며 죽어 가는 더러운 것을 피하는 방식으로 거룩을 실천했던 것이지요.

레위인, 말하자면 성전과 관련된 일을 하는 그룹에 속한 어떤 이도 지나가다 이 죽어 가는 유대인을 보았는데 마찬가지로 회피합니다. 이 유대인을 구한 사람은 다름 아닌 사마리아인이었어요. 당시 사마리아 사람들은 유대인과 원수지간이었어요. 그럼에도 죽어 가는 유대인을 보고 그냥 지나칠 수 없었던 거예요. 아픔과 고통에 대한 연민 때문이었겠지요. 이 사람을 여관에 데려가서 치료해 주고 하룻밤을 같이 머뭅니다. 다음 날 아침 자기도 볼일을 보러 가야 하기 때문에 여관 주인에게 환자를 잘 돌봐 주기를 부탁하면서, 이때 드는 비용은 자기가 돌아오는 길에 갚겠다고 말합니다.

이 이야기를 들려주고 나서 예수가 율법 교사에게 묻죠. 누가 강도 만난 자의 이웃이 되어 주었는가. 율법 교사가 말합니다. 자비를 베푼 사람입니다. 원수지간이었지만 죽어 가는 유대인을 돌보았던 이 사람이야말로 그 유대인에게 진짜 이웃이 되었다는 거죠. 그러자 예수가 이렇게 말했어요. "너도 가서 이와 같이 하라." 선천적으로 이웃인 사람은 없습니다. 도움이 필요한 누군가에게 이웃이 '되어주는' 거죠. '되어주는' 이곳에 본래적인 혐오라는 것은 있을 수 없습니다.

앞서 제사장이나 성전에서 일하는 사람들도 나름대로 거룩함을 실천한 것이었습니다. 피 흘리며 죽어 가는 것은 부정하기 때문에 피하는 게 어찌보면 당연합니다. 그들에게 거룩함이란 부정함과의 분리를 실천하는 방식이었으니까요. 당시 율법 조항들이 대체로 무엇 무엇을 하지 마라, 하는 부정적인 방식이었던 데는 이유가 있습니다. 깨끗함과 더러움, 선과 악, 의와 불의, 아군과 적군을 나누는 세계관 속에 있다 보니, 더러운 것과 분리하거나 적대하는 방식대로 사는 게 거룩함의 실천이었거든요.

그러나 예수는 이 이야기를 통해 더러움을 오히려 끌어안는 자세, 즉, '자비'에 대해 말합니다. '아버지_{하느님}는 자비로우시니 여러분도 자비로우라'고 설파하지요. 그런데 이것 역시 간단한 말이 아닙니다. 거룩 중심의 사회에서 자비 중심의 실천을 한다는 것은 목숨을 내놓는 일일 수 있기 때문이에요. 왜냐하면 더러운 것을 끌어안는 행위는 자기도 더러워지는, 즉 죄인이 되는 행위이기 때문이에요. 예수가 십자가에 못 박힌 이유도 일종의 신성모독과 관련됩니다. 거룩한 성전에서 부정하다고 여겨지는 행위를 했거든요. 하나님의 거룩함을 더럽혔다면서 유대교의 권력자가 사형의 길로 내몬 것이지요. 그런 점에서 자비는 단순히 마음을 인자하게 가지는 정도를 넘어서서, 당시 기준으로는 사회의 주류 질서에 도전하는 자세이기도 했습니다. 의도했든 의도하지 않았든 대단히 정치적인 행위이기도 했던 셈이지요.

그런데 희한하게도 가톨릭이든 개신교든 기독교에는 '거룩함'을 뜻하는 '성'聖이라는 낱말이 엄청나게 많이 사용됩니다. '성경', '성직', '성례', '성수', '성미', '성당' 등, 교회에서 사용하는 물건들에도 죄다 '성'聖 자가 붙습니다. 거룩함을 자기 정체성의 주요 부분으로 다루고 있다는 뜻이지요. 그런데 거룩함의 근본에 대해서 정말 잘 알고 사용하는지 의문입니다. 예수가 말한 자비는 거룩의 이원론을 넘어서 거룩하지 않다고 여겨지는 것까지 포용하는 행위였거든요. 예수는 같은 유대인이었지만, '자비'로 '거룩'을 넘어선 사람이라고 할 수 있어요.

거룩함이 혐오와 연결될 때

이렇게 거룩의 이름으로 사람을 배제시키는 행위는 우리의 주제인 혐오와 차별의 문제와 직결됩니다. 가령 구약 성경 『신명기』23장에 이런 규정이 있어요. 적과 대치 중인 군인들이 지켜야 되는 법 가운데 똥을 누면 꼭 흙으로 덮어야 한다는 겁니다. 똥은 더러운 것, 부정한 것이기 때문에 자신들과 분리시키라는 거죠. 안 그러면 하느님께서 자신들를 보호하러 오시다가 똥을 보고 도리어 버리고 갈

것이라고 합니다.

하느님이 똥을 더럽게 여긴다는 생각 속에는 똥을 더럽다고 여기는 인간의 태도가 들어 있어요. 똥만이 아니라 몸에서 나온 배설물을 대부분 더럽다고 여기지요. 그 배설물과 자신을 분리시키거나 적어도 일정한 거리를 두어야 자신의 깨끗함 혹은 거룩함이 유지됩니다. 그렇게 더러운 것을 분리시키는 방식으로 기존 질서를 유지해 나갑니다.

이렇게 기존 질서가 유지되어 나갈 때 그와 함께 유지되고 강화되는 것이 있는데 바로 권력이에요. 거룩하지 않다고 여겨지는 것들을 분리해 나갈 때 거룩하다고 여겨지는 것들이 긍정되고, 정치적 차원에서 얘기하면 그 정점에 있는 권력이 정당화됩니다. 거룩을 위한 분리주의가 종교 권력이든 정치권력이든 기존의 권력을 유지, 강화하는 수단이 되는 셈이지요. 물론 이러한 권력을 긍정하거나 그에 가까이 가려는 사람일수록 하느님도 더러운 것을 싫어한다고 간주하면서 기존의 분리주의적 생각을 이어갑니다. 그런데 좀 적나라한 표현이라 좀 그렇습니다만, 하느님이 사람의 몸에서 나온 똥을 싫어할까요? 인간이 자신의 작품이라면 인간의 몸에서 나온 똥도 자신의 작품일텐데, 적절한 배설 없이는 살 수 없는 것이 인간의 삶인데, 심지어 똥은 다른 생명체의 에너지원이기도 한데 말예요. 하느님이 부정한 것을 싫어한다는 것은 그 부정한 것을 거부하는 형태로 유지되는 당시 사회 질서의 '종교적' 투사이기도

합니다.

어떻든 혐오는 분리하는 자세와 연결되어 있습니다. 나와 다른 것을 부정하다고 느끼는 일종의 감정이지요. 혐오하면서 나는 혐오의 대상과 다르다고 스스로를 정당화하는 거예요. 가령 우리는 수백만 유대인을 학살한 나치를 혐오합니다. 그러면서 나치는 인류학적으로 특별한 별종들이고, 그 별종이 한 짓은 나와 아무런 상관이 없다고 생각합니다. 나치를 나와 분리시키는 거예요. 어떤 대상을 혐오한다는 것은 자신을 그들과 분리시키는 방식으로 내가 편안해지는 행위라고 할 수 있습니다.

혐오하는 사람들이 많아지면, 그 사람들이 뭉치면서 힘도 커지고 이걸 통해서 혐오의 대상을 제거하기까지 해요. 개인은 못 해도 힘 있는 집단은 가능하잖아요. 많이 알려진 표현인 '희생양 이론'이 이를 잘 설명합니다.

희생양 만들기

혐오의 대상이 되는 이들이 사회의 문제가 되었을 때 인류가 취해온 대표적인 방식이 '희생양'을 만드는 겁니다. 집단적 혐오의 대상을 없애는 거예요. 고대 그리스에서도 있었고, 오늘날에도 지속되는 현상이죠.

고대 그리스에서는 전염병이나 기근, 외부의 침략으로 사회가 혼란스러워지면 질서를 회복하기 위해 인간을 제물로 바치기도 했습니다. 그 제물을 그리스어로 '파르마코스'라고 했어요. 사회 불안의 원인이 그 희생 제물과 직접 관계가 없는데도, 그 사람 때문에 전염병이 돌고 그 사람 때문에 기근이 든 게 아닌데도, 자연적이거나 사회적 원인으로 생긴 일을 희생양 혹은 희생 제물에 전가하는 겁니다. 폭력의 방향을 희생 제물로 돌려서 공동체 전체를 보호하려는 일종의 문화적 장치라고 할 수 있어요.

2018년 10월 27일 미국 피츠버그에 있는 유대인 회당에서 총기 난사 사건이 발생했습니다. 11명이나 사망하는 참사였지요. 유대인을 혐오하는 공화당원이 범인이었다고 합니다. 그는 모든 사회 문제가 유대인 때문에 일어난다고 보았던 거예요.

일제 강점기에 일본의 간토關東, 관동 지방에서 대규모 지진이 일어났습니다. 이때 조선인이 희생양이 되지요. 조선인이 물에 독을 탔다느니 하는 괴소문이 퍼지면서 조선인을 무차별로 학살했어요. 이 역시 혐오에 의한 범죄입니다.

두 사건 모두 사회적 혼란의 원인을 특정인들에 전가하는 경향을 보입니다. 과거 사회 질서 회복을 위해 희생양을 만들어 바쳤던 방식과 흡사합니다. 그럼 보통 어떤 대상이 희생양이 될까요?

거의 언제나 예외 없이, 희생 제물이 되는 존재는 소수자, 힘없는 사람들입니다. 고대 그리스 시대에는 전쟁 포로, 노예가 희생되었어요. 중세 때는 마녀사냥의 경우가 그랬듯이 여자가 그 대상이기도 했습니다. 이런 식으로 사회에서 배제됐거나 중심에 있지 않은 사람들, 주변 인물들을 희생 제물로 만들어요. 자신의 욕망을 감추고, 욕망이 지향하는 부정적인 흐름을 희생 제물에게 덧씌우죠. 인간의 역사를 보면 사회 전체의 문제를 소수자에게 전가하는 방식으로 그 사회의 주류 안에 있는 사람들이 자기 정체성을 유지시켜가려고 했던 사례들을 흔히 찾을 수 있습니다.

사회의 거울, 소수자

소수자들은 사회의 모순을 보여줍니다. 예컨대 지하철 입구에 작은 바구니 하나를 놓고 쪼그려 앉아 있는 초라한 노숙자를 상상해 봅시다. 그저 바구니 하나 놓고 멍하니 앉아 있습니다. 돈을 달라고 하지도 않습니다. 빈곤 문제가 심각하다고 소리 높여 외치지도 않아요. 그럴 의지도 없어요. 사람들도 그냥 그러려니 하면서 무심코 지나칩니다. 우리는 빈곤 문제를 개인의 일로 생각하지만 사실은 우리 사회의 모순이 가져온 결과예요. 이 부분을 사람들은 잘 보지 못하거나 의식적으로 생략하죠. 그게 우리 사회가 빈곤을 대하는 태도예요.

그래서 한 사회의 소수자라는 게 예외적인 현상 같지만, 이는 사회 주류의 본질, 주류의 속살을 드러내 주는 창문과 같은 겁니다. 주류 중심의 질서가 어떤 부류를 소수자로 규정하고 구분하잖아요. 소수자를 주류 질서에서 배제하도록 놔두니까 소수자가 소수자로 남는 거죠. 용납 못 하거나 안 하는 이들은 바로 주류들입니다. 주류가 자기 정체성을 위해서 소수자를 소수자로 남겨 놓고 낙인을 찍죠. 심지어는 혐오하기도 하고요. 그래서 사회적 논쟁거리가 돼요. 이것이 넓은 의미의 희생양 시스템의 본질이라고 할 수 있습니다.

소수와 다수라는 게 양적 개념인 것 같지만 엄밀하게 이야기하면 질적인 개념이에요. 소수자라는 것은 사회의 실상을 증언하는, 사회 본질을 보여주는 아주 질적인 개념이라고 할 수 있습니다. 그런데도 주류는 언제나 이런 소수자의 문제를 개인 탓으로 돌리려고 하죠. 그런 판단에는 권력에 가까이 다가가려는 욕망이 숨어 있습니다. 사회를 주변부와 중심부로 갈라놓고 자신들을 중심으로 자리매김하기 위해 소수자를 계속 바깥으로 밀어내는 거죠.

난민이든 성 소수자든 소수자를 사회 질서의 혼란자로 보는 시선에는 주류가 주류로서의 정체성을 지키려는 의도가 들어 있습니다. 혐오함으로써 자기가 안전해지려고 하는 거죠. 종교 공동체도 딱 그래요. 이질적인 존재가 침투하는 순간 정체성이 흔들린다고 생각해요. 그래서 담을 높게 쌓지요. 그 바깥에 있는 것은 오염됐다고, 더럽다고, 죄라고 규정해요. 그런 논리 안에서 배타성이 나옵니다. 이렇게 혐오는 깨끗한 존재와 더러운 존재라는 이분법에 기반해요.

형식에 갇힌 하느님

앞서 착한 사마리아인 이야기를 하면서 제사장이 죽어 가는 사람을 피했다고 말씀드렸잖아요. 죽은 사람을 혐오하는 또 다른 이유는 뭘까요? 바로 내가 죽어 가고 있기 때문입니다. 내 속에 죽음이 있어요. 사실 인간에게 죽음과 삶은 늘 함께 있는 것이죠. 살아 있다는 것은 새로운 세포가 계속 생성되는 것이기도 하지만 그만큼 또 세포가 죽어 가는 것이기도 합니다. 아무리 내가 죽음을 부정하려고 해도, 죽음을 혐오하며 삶을 보장받으려 해도 우리 안에서 죽음을 분리할 수는 없어요.

구약 성경 중에 각종 율법들을 상세하게 기록해 놓은 『레위기』가 있습니다. 이 가운데 우리의 주제와 관련하여 여성에 대한 금기가 눈에 띕니다. 율법이라는 게 기본적으로는 거룩함을 실천하는 것을 목적으로 합니다. 앞서 말씀드렸듯이 그 방법은 부정함을 분리시키는 것이기 때문에, 하지 말아야 할 일들이 많이 적혀 있는데요, 오늘날 기준으로 보면 이해가 안 가는 것들도 정말 많습니다. 대표적인 게 여성의 생리 작용에 대한 내용이에요. 『레위기』 15장에 보면 "여자가 월경할 경우에는 7일 동안 부정하다", "생리 기간 동안에 그 여자가 앉거나 누운 자리는 다 부정하다." 이런 식입니다. 당시 이스라엘 사람들은 왜 이런 걸 부정하다고 생각했고 일일이 금지하는 수고를 했을까요? 이를 알려면 그때의 상황을 살펴보아야 합니다.

기원전 930년 고대 이스라엘은 내란으로 인해 남북으로 분단됩니다. 북쪽 이스라엘은 아시리아에게 멸망했고, 북쪽 이스라엘에 비해 국가 정비가 제대로 안 되었던 남쪽 이스라엘은 오늘날의 이라크에 해당하는 바빌로니아에 식민 지배를 당합니다. 많은 사람들이 포로로 잡혀가요. 그중엔 학자, 지식인, 종교 지도자도 포함되어 있었습니다. 나중에 고대 페르시아가 바빌로니아를 무너뜨리고 바빌로니아에 살던 유대인들이 고향으로 돌아갈 수 있도록 기회를 주지요. 유대인들이 막상 고향 예루살렘에 가 보니까, 사회 질서가 너무 문란해요. 다신교가 일반적이었고, 성전에서 신을 기린다면서 성행위를 시연하기도 합니다. 이래선 안 되겠다 싶어서 구습을 없애고 새로운 사회 질서를 정립하려고 했습니다. 『레위기』가 바로 이때 만들어진 율법을 담고 있는 문헌이에요.

그전에는 여성 제사장도 있었는데, 귀국자들이 새로운 사회를 건설하면서 모두 남성 제사장으로 교체합니다. 남녀 신을 고루 섬기던 다신교 사회는 야훼라는 남성 신 중심으로 재편돼요. 그래서 『레위기』의 율법들은 기존의 관례들을 거의 타파하는 형태로 나타나요. 성에 대해 엄격한 기준을 세우지요. 그 과정에서 여성을 남성에 종속시키고, 과거에는 자연스러웠던 일들이 금기가 됩니다. 그런데 금기시하는 게 많아질수록 더 강력해지는 게 있는데 바로 금기를 정하고 집행하는 권력이에요.

1980년대 한국 사회로 돌아와서 말씀을 드려보지요. 당시 군사 쿠데타로 집권한 전두환 정권은 이른바 '사회 정화'라는 이름으로 부랑아 단속을 합니다. 마음대로 잡아다 가둬요. 무슨 죄를 저지른 것도 아닙니다. 그냥 길을 가다 눈에 뜨이는 족족 잡아 별도의 공간에 분리시켜 놨다고 해도 과언이 아니었지요. 그러고는 사회가, 거리가 깨끗해졌다고 홍보합니다. 보통 사람들이 별생각 없이 지내는 사이에 이를 통해 가장 큰 이득을 보는 집단은 바로 권력이에요. 얼핏 사회가 깨끗해진 것 같은 느낌을 갖는 사이에 국민을 총칼로 짓밟은 자들이 정당성을 획득하게 됩니다.

고대 이스라엘이 율법을 통해 여성의 생리를 부정했던 이유도 그렇습니다. 여성의 피를 부정하게 여기면서 여성이라는 존재 자체를 열등하게 만듭니다. 그럼 누가 이익을 보겠어요. 당연히 남성들이죠. 큰 틀에서 보면, 생리 자체가 문제가 아니라 생리를 부정하다고 규정하는 권력이 자기 정당성을 확보해 가는 과정에서 여성의 생리를 문제시하는 거죠. 그런 식으로 남성 중심 사회는 오래전부터 여성이 열등한 이유를 설명하는 논리를 개발해 왔어요. 그것이 거의 오늘까지 이어져 오고 있는 일단의 흐름이기도 하죠. 종교에서 신의 이름으로 차별과 혐오를 정당화시키는 근거는 이런 과정을 거쳐 왔다고 할 수 있어요.

종교의 경계는 접선

앞에서 얘기했듯이 종교는 인간의 내적 경험의 세계와 그것의 외적 표현 양식들로 이루어져 있습니다. 그 표현 양식은 대단히 다양하지요. 그런데 만일 이들 다양한 표현 중 하나만을 옳다고 규정하고 이를 통해 내면을 다시 일방적으로 규정하려는 순간 심층적인 인격성, 영성 등은 사라지고 제도화된 교리와 형식만 남게 됩니다. 그렇게 형식이 정당화되면, 형식을 관리하는 최종 주체인 권력이 정당화되기도 하는 것이지요.

종교의 이름으로 어느 대상, 나와 다른 어떤 존재를 삭제하는 방식은 곤란합니다. 자신의 내면을 돌아보고 자기 안에 숨은 혐오스러운 면을 발견했을 때 이를 두려워하거나 배격하지 말고 끌어안아야 해요. 그래야 참된 의미에서의 종교가 됩니다. 정체되어 있지 않고 세상과 함께 변화하면서 늘 새로운 것과 호흡할 수 있어야 해요. 허물, 욕망과 같은 것을 감추고 가리는 방식이 아니라, 도리어 그것을 드러내고 인정하는 방식으로 가야 해요. 자기에게서 허물을 볼 줄 알아야 남에 대한 차별도 하지 않게 되죠.

신이니 하느님이니 하는 용어가 싫거나 관심 없는 분들도 계시겠지만, 현실에서 혐오와 차별을 불러일으키는 이들 중 상당수가 기독교인이라는 사실을 인식한다면, 그들의 신에 대한 이해가 어떤지 알아보는 일은 중요합니다. 오랫동안 신학 공부를 해온 입장에서 말씀드리면, 신은 무소부재無所不在하다고 보아야 해요. 교회 밖에는 신이 없다는 사고방식은 신을 보편자나 무한자가 아니라 특정 공간 안에 제한된 유한자로 만들어 버리는 모순적인 행동이거든요.

하느님은 벽돌 건물로 지어진 예배당 안에만 있다고 생각하는 이들이 거대한 성전을 짓고 담장을 높이 쌓지요. 그러곤 그들만의 왕국인 그곳을 거룩한 하느님의 성전이라고 말해요. 하지만 거룩함은 그렇게 해서 만들어지지 않습니다. 거룩함은 표층적 차원에서 어떤 일부를 제거하는 방식으로 형성되는 것이 아니라, 심층적 차원에서 일체의 다양한 것들을 존중할 줄 아는 태도와 연결되어 있어요. 그게 바로 '신의 보편성'을 확보하는 길입니다. 이런 관점이 바로 종교의 본질이라고 생각해요. 내적 신앙을 외적 제도로 획일화시키는 오류를 범해서는 안 돼요.

이런 식으로도 볼 수 있을 것 같아요. 가령 사도 바울이 쓴 『갈라디아서』3:28에 "유대인이나 그리스인이나 종이나 자유인이나 남자나 여자나 그리스도 안에서 하나"라는 구절이 나옵니다. 지금 기준으로 보아도 매우 혁명적인 선언이지요. 당시 유대인은 율법을 지킨다는 이유로 이를 모르는 다른 지역 사람들을 죄인시했습니다. 섞일 수가 없다고 생각했어요. 그들을 거부하는 것이 자신의 순수성을 지키는 것이었지요. 당연히 유대인의 눈에 그리스인은 자기들의 율법을 지키지 않는 이방인이었습니다. 그랬는데 바울은 유대인과 그리스인이 하나라고 선언해요. 고대 이스라엘은 엄격한 신분 사회였습니다. 그럼에도 종과 자유인이 하나라고 합니다. 여자를 차별하는 것을 당연하게 여기던 시절에 남자나 여자나 하나라고 해요. 예수를 그리스도로 믿는 사람은 민족 간, 혈연 간, 성별 차이를 두어서는 안 된다는 뜻이지요.

그런데 현실은 다르게 작동합니다. 계급과 성별과 신분을 넘어서서 인류가 하나라고 해놓고는 현실에서는 부사적 수식문 '그리스도 안에서'를 강조합니다. '그리스도 안'에서라는 말 자체가 '그리스도 밖'과 대응하는 언어잖아요. 그리스도를 모르는 사람은 하나가 아니라는 거죠. '인류의 하나 됨'은 예수를 믿거나 안 믿거나 관계없이 그에 선행하는 원천적인 사실인데, 그러한 사실을 알고 실천하는 것이 예수를 따르는 이들의 근본인데, 현실에서는 예수라는 말을 모른다는 이유로 그 '하나' 밖으로 몰아내고 있죠. 차별도 당연하게 여기고요. 현실에서 기독교적 정체성의 외적 경계가 실선으로 갇혀 있는 셈입니다. 그러다 보니 그 경계 밖에 있는 것들을 배척하게 되는 것이고요.

하지만 이 성경의 핵심은 '하나'라는 사실의 선포에 있습니다. 인류가 '하나'라는 것은 모든 것을 특정 기준에 따라 동질화시키라는 뜻이 아닙니다. 도리어 유대인이나 그리스인이나, 남자나 여자나 있는 그대로 긍정하라는 뜻입니다. 그럴 때 '하나'라는 말이 성립됩니다. 그럴 때 자유인이나 종 같은 신분 차별도 극복할 수 있게 되는 것이고요. 종교적 정체성의 외적 경계가 폐쇄적 실선이 아니라 개방적 점선이어야 한다는 말입니다.

함민복 시인의 「꽃」이라는 시에 "모든 경계에는 꽃이 핀다"라는 구절이 있습니다. 만일 이 경계가 실선이라면 어떨까요? 숨이 막히겠죠. 점선이기에 소통합니다. 이를 통해 꽃을 피우는 거예요. 그래서 이 구절은 나와 너 사이에, 집단과 집단 사이에, 국가와 국가 사이에 교류하고 서로 호흡할 수 있어야 한다는 이야기로 해석할 수 있습니다. 거기서 생명이 살아나는 것이니까요.

종교가 자신만의 경계를 확립하려고 하지만, 경계는 늘 변하게 마련입니다. 새로운 체험을 통해 파괴와 수립이 동시에 이루어져요. 그것이 종교의 본질이에요. 끝없이 폐쇄적 경계를 세우기만 하고 기존 경계를 넘어서지 않으려는 행위는 본말이 전도된 것이라고 할 수 있습니다.

윌프레드 캔트웰 스미스라는 학자는 '종교'religion와 '종교적'religious이란 개념을 구분합니다. 명사형은 경계가 명확합니다. 실선이죠. 그런데 형용사 '-적'은 점선이에요. 명사로 접근해서는 종교를 대변하지 못한다, 종교는 언제나 형용사적으로 이해해야 한다는 거죠. 예수도 하나의 폐쇄적 명사로 여기는 순간 배타성이 생겨요. 예수를 따르는 이에게 예수는 형용사예요. 형용사는 그 본래의 성질을 유지하면서도 타자에 대해 개방적이죠. 누구든 '예수'가 될 수는 없지만 '예수적'이 될 수 있지요.

기독교라는 것도 마찬가지입니다. 기독교만의 폐쇄적 경계가 있는 것이 아니에요. 저도 기독교인입니다만 동시에 한국인이기도 해요. 한국은 전 세계에서 유교적 질서가 강한 나라 중 하나예요. 저도 거기서 자유롭지 못합니다. 그리고 학문적으로는 제가 오랫동안 전공해온 불교적 세계관과도 익숙해요. 다양한 종교적 영향을 받는 존재라고 볼 수 있지요. 게다가 어떨 때는 대단히 과학적이고 또 어떨 때 대단히 정치적이기도 해요. 그만큼 기독교라는 게 순수한 현상이 아니에요. 복합적이죠. 이런 현실을 이해하고 포용한다면 사회의 가르침과 진리에 귀 막지 않는 열린 종교인이자 시민으로 살 수 있습니다. 이것이 종교의 형용사적 이해라고 할 수 있습니다.

국경의 점선화

오늘날 국가는 옛날의 종교가 했던 역할을 고스란히 떠맡았습니다. 종교법은 사회법이 되었고 국민을 보호해 준다고 하면서 하나의 국경선 안에 가두어 두죠. 이를 넘으려면 국가의 허락을 받아야 합니다. 명확한 실선이지요. 그러다 보면 다른 나라 사람, 이주민이나 난민에 무관심해집니다. 국경선 밖에서 전쟁이 벌어지고, 이로 인해 수백, 수천 명이 죽어 나가는데 자국민 한 명 구출해 오는 것으로 국가 의무를 다했다고 생각해요. 오늘날 일국주의는 어마어마한 폐해를 낳습니다. 한국인 한 사람의 목숨이 시리아 내전에서 죽은 천 명의 목숨보다 중요하다고 여기는 사고방식이 그렇습니다. 생명이 국적에 따라 경중을 달리하다니 말이 되나요.

종교의 경계도 형용사적 이해를 가져야 합니다. 그런다고 해서 자기 정체성이 사라지는 게 아니거든요. 정체성이라는 것은 변화를 통해 유지되는 것이지요. 저도 불교 철학에 심취하면서 기독교 신학이 한층 더 잘 보이는 경험을 했습니다. 요사이는 평화학을 하면서 종교의 본질을 다시 구성하고 있는 중이기도 하고요. 종교 안팎의 실선적 구분이 사라지니까 종교가 더 잘 보였달까요.

우리 역사를 돌아보면 외형적 갈등들에도 불구하고 결국은 수용과 조화의 전통이 흐르고 있다는 걸 알 수 있습니다. 한국의 사상가들이 항상 강조해 왔지요. 대표적인 것이 최치원이 신라의 현묘한 도라고 말한 '포함삼교包含三敎'의 정신입니다. 여기서 '삼교'란 형식적으로는 유교, 불교, 도교선를 뜻하지만, 오늘날의 언어로 하면 다양성이에요. 신라는 다양한 사상, 문화 등을 포용하고 융합해 왔다는 거죠. 원효의 '화쟁'和諍도 그런 사상 중 하나입니다. 화쟁이란 갈등을 조화시키는 통섭적 자세를 말해요. 저는 이런 것들이 세계화 시대에 자기 정체성을 유지하면서 보편성을 추구하는 한국적 정신의 근간이 될 수 있다고 생각해요. 그런 정신을 체화시킬 때 혐오와 차별로부터 자유로워질 수 있을 겁니다.

사랑과 자비의 공동체

청중　기독교에서 좀 더 개방적이고 수용적인 종교를 지향하려는 노력은 어떻게 이루어지고 있는지요.

이찬수　생각보다 많은 사람들이 노력하고 있습니다. 주류는 아니지만 이분들은 계속해서 비판적 성찰을 이어 가고 있어요. 신자들에게도 계속 말합니다. 종교적 경계가 점선으로 가면 설령 양적으로 축소될 수도 있지만 그게 오히려 기독교가 사회화하고 또 사회에 녹아들어 가는 진정한 선교라는 식으로요. 물론 이분들이 선교라는 말을 쓴다고 해서 다른 종교를 거부하자는 의미는 아닙니다. 기독교 정신을 사회 속에 있는 다양한 생각들과 화학적으로 녹여 내자는 거죠. 그럼으로써 사회 공동체 전체의 영성을 강화하자는 거고요.

　이런 움직임들이 실선화된 종교에 조금씩 균열을 내고 있습니다. 속도는 더디지만 변화는 분명히 일어나고 있다는 느낌이 듭니다. 기독교 신자 수가 줄고 있는 것도 눈여겨볼 만한 징후입니다. 실선화된 종교에 실망한 사람들이 하나둘 떠나고 있는 거죠.

청중   가톨릭은 비교적 열린 종교라고 생각해 왔는데요, 막상 중심에 있는 사람들, 바티칸 쪽을 보면 상당히 경계가 강하다는 느낌을 받습니다. 외부에서 볼 때는 여전히 자기들만의 리그를 유지하고 있는 건 아닌지, 이런 현상을 어떻게 해석해야 하는지 여쭙고 싶습니다.

이찬수   일단 동감입니다. 외부에서 보기에 가톨릭은 굉장히 개방적이에요. 사회와 호흡하려는 노력을 많이 하지요. 그런데 교리만 보면 개신교보다 훨씬 견고해요. 교리 하나하나를 따져 보면 가톨릭은 하나의 왕국과도 같지요. 오랜 시간 동안 굳어져 왔기 때문에 바꾸기가 어려워요. 아시는 대로 가톨릭에서는 여성들은 사제가 될 수 없습니다. 전 세계 곳곳에서 요청하고 있지만 요지부동이지요. 신학적 교리나 사상만 보면 개신교가 도리어 융통성이 있어요. 융통성이 있다는 말과 다양한 교파로 분열되어 왔다는 말은 동전의 양면이지만요.

제가 보기에 외적 경계를 가장 점선에 가깝게 하는 종교는 불교입니다. 원칙적으로 경계라는 게 거의 없지요. 그러다가 종교 간 양적 경쟁이 치열해지니까, 불교도 자꾸 경계를 만드는 중이지요. 그래도 점선적인 전통이 강해서 아직도 가는 사람 잡지 않고 오는 사람 막지 않는 분위기가 있습니다. 불교는 절에 한 번만 나와도 불교 신자예요. 특별히 어떤 부담스러운 의례를 강조하지 않습니다.

역사적으로 그런 측면이 있다는 말씀을 드릴 수 있겠네요.

청중 종교만이 아니라 다른 공동체도 마찬가지인데요, 어디에나 비판 세력이 있잖아요. 경계 밖에 있는 소수자일 수도 있고 경계 안에서 목소리를 내는 사람일 수도 있습니다. 그런데 이런 목소리들이 오히려 부작용을 일으키기도 하는 듯합니다. 계속 비판을 받으니까 방어적으로 변하고 결국 자신들의 세계를 공고히 하려고 경계를 더욱 두텁게 하는 거죠. 처음에는 비판에 귀 기울이는 듯하다가 나중에는 자신들의 믿음을 절대시하게 되는 경우를 많이 보았습니다. 그렇다면 비판을 통해 종교의 경계를 실선에서 점선으로 바꿀 수 있을까, 반작용이 일어나서 오히려 기존의 경계선이 더 공고해지는 것은 아닌지, 그렇다면 이때 더 많은 에너지를 투입해야 하는지 의문입니다.

이찬수 쉽지 않은 일인 것 같습니다. 한두 사람의 힘으로는 어렵습니다. 대한민국은 민주공화국이라는 사실이 헌법에 명시되어 있지만, 민주주의라는 이름으로 자기 당파가 아니면 무조건 반대하거나 억압하고, 공화제라지만 주권자 한 사람 한 사람의 목소리가 다 반영되는 것도 아닙니다. 그래서 비판의 목소리를 내면 현실은 말처럼 간단하지 않다며 기득권 세력은 현상태를 유지하려 하거나 더 강화시키기도 하지요.

종교도 그렇습니다. 진정한 의미에서 살아 있는 공동체를 만들려면 여러 목소리에도 귀 기울여야 합니다. 그렇지 못하고 사회의 건강한 목소리들에는 귀를 닫은 채 자기중심적 벽을 쌓아 가는 행태에 대해서는 당연히 비판을 해야죠. 다만 일방적이거나 폭력적인 방식으로는 근본적으로 변화시키기가 어려워요. 말씀하셨듯이 도리어 경계를 더 강화시키는 역효과를 가져올 수 있습니다. 대화를 통해 일정 부분 타협하며 가는 길밖에 없습니다. 그렇게 굳은 내부를 흔드는 수밖에 없어요. 그러다 더 이상 가망이 없다고 느껴지거나 힘들면 기존 흐름에 안주해 포기하든 아예 조직에서 이탈하든 둘 중 하나죠. 저는 내부적인 실천을 통해 변화할 가망이 없다면 그 집단을 통해 새로운 공동체를 꾸리라고 말하고 싶습니다. 악덕 기업을 변화시키는 가장 좋은 방법이 그 회사 물건을 사지 않는 것이듯이, 종교 조직들도 마찬가지라고 생각해요. 그 교회에 헌금 안 내고 모임에 참석 안 하고 해야, 주류의 중심 권력도 위기의식을 느낍니다. 170여 년 전에 미국에서 헨리 데이비드 소로가 흑인 노예 제도를 폐기하지 않고 멕시코 전쟁까지 일으킨 미국 정부에 대항하며 세금 거부 운동을 했듯이, 헌금 안 하기 같은 것도 거대 조직을 바꾸는 적절한 실천이 될 수 있을 것이라고 생각합니다.

청중　저는 우리 사회에 차별과 혐오가 전반적으로 줄어들고 있다고 생각합니다. 그만큼 사람들의 의식도 성숙하고 있다고 보고

유럽은 세계 대전을 겪고는 인종 차별을 금하고, 난민과 소수 민족에 대한 혐오성 발언 등을 문화적으로 제어하는 데 많은 노력을 기울였습니다. 그러다가 신자유주의 체제로 경제적 양극화가 심각해지면서 거기서 받은 스트레스를 난민에게 투사하는 현상이 벌어진 거예요. 나도 먹고살기 힘든데, 난민들이 몰려온다고 생각하니까 불안하고 화가 나는 겁니다.

요. 다만, 표면적으로 혐오의 언어가 늘어난 듯한 인상을 주는 이유는 우리의 인권 감수성이 높아진 까닭도 있다고 봅니다. 과거에는 아무렇지도 않던 게 지금 시각으로 보면 명백한 혐오가 되는 거죠. 예를 들어 가정 폭력은 과거에 흔한 '집안일'이었잖아요. 술 마시고 집에 가서 가족에게 폭력을 행사하는 일이 비일비재했지만 아무도 문제 삼지 않았거든요. 그리고 요즘은 직접적인 폭력을 통한 혐오보다는 우회적인, 교묘한 방식의 혐오가 늘어났다고 생각합니다. 양상이 달라진 것이지요. 이런 혐오에는 어떻게 대응해야 할까요?

<u>이찬수</u>　최근 세계적으로 난민에 대한 혐오가 큰 문제로 떠오르고 있지요. 유럽과 미국 쪽이 심각합니다. 정치적으로도 난민 반대를 노골적으로 선동하는 집단들이 지지를 얻고 있고요. 왜 이런 일이 생겼을까요? 일종의 위기의식의 표현일 겁니다. 난민 문제가 주요하게 떠오른 게 불과 10~20년이거든요. 유럽은 세계 대전을 겪고는 인종 차별을 금하고, 난민과 소수 민족에 대한 혐오성 발언 등을 문화적으로 제어하는 데 많은 노력을 기울였습니다. 그러다가 신자유주의 체제로 경제적 양극화가 심해지면서 거기서 받은 스트레스를 난민에게 투사하는 현상이 벌어진 거예요. 나도 먹고살기 힘든데, 난민들이 몰려온다고 생각하니까 불안하고 화가 나는 겁니다. 이를 기회 삼아 한동안 잠잠했던 극우주의자들이 득세하고 있고요.

동성애 문제도 그렇습니다. 과거에는 아예 얘기조차 못 꺼내다가 요즘 들어 유명인들이 커밍아웃하는 일도 많아지고, 나름대로 성적 소수자들이 목소리를 내고 있잖아요. 여기에 대한 반발과 불안, 두려움이 혐오라는 형식으로 튀어나오고 있어요. 때로는 폭력적인 방식으로 표출되지만, 인터넷 공간 같은 데서는 은근하고 지속적으로 혐오의 언어를 생산합니다. 저는 혐오의 방식이 지속되거나 양산되는 메커니즘을 알아야 한다고 생각해요. 신자유주의 무한 경쟁 체제가 가해오는 압박과 그로 인한 심리적 불안이 혐오의 동력으로 작용하고 있어요. 겉으로 드러나는 혐오 표현도 문제이지만 이를 둘러싼 구조를 보아야 하는 거죠. 마르크스가 자본이 작동하는 근원적인 방식 자체를 비판적이고 정교하게 폭로하면서 전 세계에 새로운 상상력을 불러일으켰듯이, 전체 및 전체가 돌아가는 근원적인 방식을 볼 줄 아는 안목을 키우면, 혐오에 효과적으로 대응할 수 있을 거로 봐요. 불안을 제어할 수 있는 영성적 훈련이나 인권 감수성에 기반한 교육도 그와 연결되겠지요.

청중 혐오가 느는 데는 구조적 원인이 있다고 말씀하셨는데요, 전체를 보는 것도 좋지만 일단 이를 막으려면 정치적인 해법이 더 효과적이지 않을까요?

이찬수 결국 정치력을 통해 제대로 된 법적, 제도적 장치가 마련되어야 할 겁니다. 실제로 한국에서는 차별 금지법이 여러 차례 국회에 상정되었다가 보수 기독교계의 반발 등 여러 가지 이유로 무산되기를 반복해 오고 있습니다. 모든 사람을 그 자체로 존중할 수 있는 사회가 되기까지는 갈 길이 멀다는 뜻이죠. 당연히 정치적 해법이 중요합니다. 다만, 그렇게 해서 혐오가 근본적으로 사라지게 될지도 따져 보아야 합니다. 사람 사는 곳에서 혐오 감정 자체가 사라질 수는 없는 마당에, 법적 장치는 외형적으로는 혐오의 정도를 규제할 수는 있지만, 도리어 혐오 감정이나 그 표현이 좀 더 은밀하고 교묘한 방식으로 전환되는 계기가 될 수도 있거든요. 그런 점에서 두 가지 해법이 같이 가야 한다고 생각해요. 지금 미국이나 유럽이 난민 문제에 민감한 이유는 최근 들어 난민이 갑자기 혐오스런 존재로 변해서가 아닙니다. 바로 경제 위기 때문이에요. 사람들이 먹고살기가 팍팍합니다. 독일이 처음에는 난민을 받겠다고 선언했다가 슬그머니 꼬리를 내려 지금은 전에 비하면 소극적으로 대응하고 있지 않습니까? 지금 독일 경제는 상대적으로 다른 나라에 비해 호황이지만, 그래도 경제 위기에 예민한 국민들 눈치를 보지 않을 수 없었던 거예요. 그러다가 극우 나치즘 같은 세력이 다시 준동할지도 모른다는 염려가 있는 거잖아요. 그래서 정치적인 해법과 인문적인 해법이 같이 가야 한다고 봅니다. 불안을 법으로 막을 수는 없는 거잖아요. 법과 제도로 혐오 표현을 금지하고 혐오 표현에 의한 피해를 구제하면서 자기 불안에 기반한 혐오 감정의

원천에 대해 좀 더 성찰할 수 있는 문화를 만들어 가야 할 도리밖에 없을 것 같습니다. 한국 사회도 정체성에 대한 고민을 계속하면서 여전히 지속되는 단일 민족 신화를 깨고 좀 더 수용적이고 개방적인 인식을 가져야 합니다. 그리고 법을 개정하고 예산을 배정해서 실천을 구체화할 수 있는 토대를 만들어야겠지요.

청중   성경에 차별의 근거가 있다고 말하는 사람들이 많습니다. 종교적 논리로 혐오와 차별을 정당화하는 데 그중 특히 구약의 기록을 근거로 들어요. 신약과 구약은 왜 차이가 있는 건가요?

이찬수   구약 성경은 고대 유대인의 삶의 기록인 히브리성경에 대해 기독교인들이 붙인 표현입니다. 객관적으로 이야기하면, 지금부터 이, 삼천 년 전 고대 유대인의 역사, 삶의 지혜, 각종 율법 등을 기록한 문헌이지요. 예수도 유대인이니까 그런 역사와 문화에 익숙하고 자신의 율법적 전통을 잘 아는 사람이었죠. 예수가 읽고 실천한 문헌이니까 예수의 제자들, 그리고 후대 기독교인들도 히브리 성경을 자신의 경전으로 받아들인 것이구요. 그런데 예수는 유대교의 경전에 담긴 형식적 문자에 매몰되지 않고 그 깊은 정신을 직접 체화한 사람입니다. 율법도 잘 알고 그 정신에는 익숙하지만 특정 자구에는 매이지 않는 존재가 된 거죠. 그러다 보니 기득권자들이 보기엔 위험한 인물이었습니다. 오랜 전통처럼 여겨지는 법을 무시하니까요. 결국 성전의 부패한 구조와 권력을 비판하는 예수가 신에게 도전하는 것으로 비치면서 십자가에서 사형을 당하죠. 하지만 죽음은 도리어 새로운 시작을 낳았습니다. 예수는 죽었으나 그를 따르는 사람들의 정신이랄까, 마음은 더욱 커져 갔지요.

이렇게 예수를 통해 새롭게 태어난 유대인들이 예수의 삶과 사상, 그리고 제자들의 흔적을 기록한 게 신약이에요. 신약 성경은 구약 성경을 기반으로 하지만 역사적 성격이 다릅니다. 유대교에서 나왔지만 유대교보다는 넓고 보편적인 의미를 담은 기록들이 훨씬 많이 있지요. 저는 기독교의 출발을 알린 신약 성경의 정신을 좀 더 중시해서 봐야 한다고 봅니다. 하지만 많은 기독교인들이 신약 성경을 보면서도 역시 일부 글귀에 매몰되어 자신들의 기득권을 정당화하는 데 사용하곤 합니다. 실선을 긋고 다른 사람들을 차별해요. 예수가 오늘 한국에 오면 반드시 교회에서 쫓겨날 것 같습니다. 주류 교회에서 그를 전혀 모르거나 반기지 않을 겁니다. 과거 예수를 죽인 유대인이 저지른 오류를 지금의 한국 기독교가 반복하고 있어요.

저는 요즘 사회과학적 언어와 인문학적인 언어의 만남에 관심이 있습니다. 인간의 정신성과 물질성 모두를 살필 수 있어야 한다, 물질에 매몰되지 않고 깊이 있게, 선하게 세상을 움직여 가려면 통합된 학문적 이해가 필요하다, 그렇게 생각합니다. 종교 자체가 정치, 경제, 사회, 문화가 복합된 현상이기도 하고요. 혐오와 차별을 정당화하는 데 사용되는 경전의 일부 문자들도 잘 보면 당시의 역사적 상황 속에서 나온 것이지, 오늘까지 전 세계 모든 사람들에게 획일적으로 적용할 수 있는 보편적인 언어가 아니라는 사실을 기독교인도 잘 알았으면 좋겠습니다. 오늘날 종교의 핵심은 소수자나 난민을 배척하거나 혐오하면서 경전의 기록을 지켜 가는 데 있는 것이 아니라, 예수가 그랬듯이 그들을 포용하며 평화를 만들어 가는 그 마음과 행동에 있는 것이기 때문이에요. 종교가 사회로 인해 경계를 점선화하고, 사회가 종교로 인해 정신적 심층을 갖추어 나가는 작은 날갯짓이 될 수 있으면 좋겠습니다. 이것으로 강의를 마치겠습니다. 고맙습니다.

3강

미소지니,
여성이라는
따옴표

김홍미리
여성주의 연구 활동가

김홍미리

페미니즘은 지식이 아니라 삶의 방식이라 강조하며, 배움의 이유는 배워서 남 주기 위함
이라 말하는 페미니스트. 여성주의적인 삶의 방식으로 살려 하지만 정작 일상은 자기모
순의 연속이고 결국 좌충우돌, 우왕좌왕을 반복한다. 그럼에도 그렇게 살려 한다. 쓴 책
으로 『인권연대의 청소년 인권 특강』공저, 『처음부터 그런 건 없습니다』공저, 『그럼에도
페미니즘』공저, 『페미니스트 모먼트』공저 등이 있다.

미소지니, 여성이라는 따옴표

언제부터 한국 사회에서 혐오라는 단어가 흔해졌을까요? 우리는 왜 '혐오'라는 단어를 사용하게 되었을까요? 아마도 차별이나 폭력이라는 말로는 충분히 설명되지 않는 것들이 있어서였겠지요?

오늘 강의 제목은 '미소지니, 여성이라는 따옴표'입니다. 미소지니misogyny는 한국에서 '여성 혐오'라고 번역되어 쓰입니다. 여성을 대상화하여 숭배하거나 멸시함을 뜻합니다. 흔히 '나 여성 혐오 안 해요. 여자 좋아해요'라고 말하곤 하죠. 그런데 혐오는 여성을 싫어한다는 의미가 아니라, 여성을 따옴표 속에 가두고 그들을 집단적 대상 – '여성'으로 불러온 누적된 감정과 실천의 역사라 할 수 있습니다.

그럼 지금부터 이 사회가 여성을 어떻게 규정해 왔는지 그 이야기를 해보려고 합니다.

저도 그렇고 여기 이 자리에 모인 여러분을 포함해서 인간은 한 사람 한 사람 모두 자기만의 다양한 내용을 갖고 있습니다. 책으로 비유하자면 각기 다른 경험을 각각의 페이지마다 담고 있어요. 아마 우리는 지금도 인생이라는 책의 한 페이지를 만들어가는 중일 거예요. 그런데 어느 순간 '나'라는 존재가 나의 의지와 상관없이 타인에 의해 규정될 때가 있어요. '인간'이기 이전에 '여자'가 되고 인간이기에 앞서 '장애인'으로 그 표지가 정해지는 겁니다. 보통 이러한 '표지 바꾸기'는 주로 사회적 약자에게 일어납니다. 다른 말로 하면 대상화가 가능한 존재들이라고 할 수 있지요. 자율성을 가진 존재로 인지되기보다 정해진 자리에 고정되기를 기대받는 몸, 그 몸을 혐오의 대상이라 부를 수 있겠습니다.

제자리에 고정된 그들의 상태를 '정상 상태'라고 느끼는 감각의 짜임새가 랑시에르가 말한 '치안police'이라면, 그것을 구동시키는 것이 바로 혐오라 할 수 있습니다.

여자들의 진정한 재능?

잠시 책 이야기를 해보겠습니다. 제가 강의 자료를 찾다가 다음과 같은 책을 발견했어요. 재키 플레밍이라는 사람이 지은 『여자라는 문제 – 교양 있는 남자들의 우아한 여성 혐오의 역사』라는 책이에요. 17세기 이후 근대 지식인 남성들이 여성을 폄훼하고 삭제해 온 역사를 풍자한 이 책은, 2017년 프리 아르테미시아 '유머' 부문 수상작이기도 해요. 저자의 해학으로 웃음을 유발하기도 하지만, 루소나 다윈, 프로이트 등 당대 지식인 남성들이 쏟아낸 말만으로도 충분히 웃음을 유발합니다. "여성은 남성보다 열등하다." 찰스 다윈이 한 말이고요. "여자는 남자를 위해 태어난 존재다." 사회계약론을 주장한 장 자크 루소의 말입니다. 인간에 대한 심오한 연구를 한 학자들의 말치고는 굉장히 문제적이고, 또 허술하죠.

한편 이 책에는 위대한 업적을 남겼으나 여자라는 이유만으로 역사에서 지워진 인물들도 등장합니다. 대표적인 분이 필리스 휘틀리Pillis Wheatley, 1753?-1784라는 시인이에요. 여러분, 혹시 이름 들어본 적 있나요? 이분은 일곱 살 때부터 글을 쓰기 시작해서 나중에는 흑인 여성 최초로 시집을 출간했던 분입니다. 휘틀리는 일곱 살 때에 노예 사냥꾼에 의해 보스턴으로 잡혀옵니다. 당시 흑인 노예는 인간 취급을 받지 못했습니다. 과학자들은 '우생학적으로' 인간보다는 동물에 가깝다고 생각했죠. 그런 시기에 흑인 – 여성 – 아이가 시를 써서 책까지 냈으니 당시 문학계 주류이던 백인 남성들이 얼마나 놀랐겠어요? 이때만 해도 여성들은 뇌가 작아서 살림하고 바느질을 할 정도로만 발달한다는 얘기가 과학이라는 이름으로 돌아다니던 시절이었어요. 필리스 휘틀리가 책을 내자, 사람들은 그럴 리가 없다며 정말 이 사람이 쓴 게 맞는지 의심했다고 합니다. 보스턴의 고위 관리 18명, 정확히 말하면 보스턴의 백인·성인·부르주아·남성 고위관리 18명이 필리스가 이 시의 저자임을 증명하고 나서야 믿었다고 하죠. 당시 문학계의 유명한 비평가였던 존 러스킨이라는 사람은 또 이런 말을 했다고 해요. "여자들의 진정한 재능은 칭찬하는 데 있다." 대단하죠? 그런데 이 사람과 관련해서 다음과 같은 일화가 있습니다. 러스킨이 결혼을 했대요, 그러면 보통 첫날밤에 섹스를 하잖아요? 그런데 러스킨이 결혼 첫날밤에 무언가에 화들짝 놀라서 방을 뛰쳐나옵니다. 그 이후 아내를 역겨워했다고 전해집니다. 사람들은 궁금했죠. 도대체 왜 그럴까, 그날 밤 무슨 일이 있었던 걸까? 하고 말이죠. 이유는 바로 '털'입니다. 러스킨이 살던 19세기에는 매우 많은 남성 화가들이 여성의 누드화를 그렸습니다. 그런데 이 그림들 속 여성들은 털이 없어요. 당시 그림 중에 여자 겨드랑이 털 그려져 있는 것 보신 분 있나요? 음모도 안 보이지요? 그 어디에도 털이 없습니다. 그저 피부가 뽀얗고 윤기 나는 상상 속의 여신이 있을 뿐이에요. 아마도 러스킨은 그런 여신 같은 '여성'을 상상했었나 봅니다. 그런데 결혼 첫날밤, 살아 숨 쉬는 인간-여성을 만난 겁니다. 그가 알고 있던 '여성'과는 매우 다른 모습의 인간-여성을 보니, 소스라치게 놀랄 수밖에요. 비단 음모나 겨드랑이 털만이 아니었을 겁니다. 분명한 건 러스킨이 상상했던 따옴표 속 '여성'과 눈앞의 여성-인간이 달랐다는 거고, 그가 따옴표를 벗어난 여성-인간의 몸을 낯설어하고, 심지어 역겨워했다는 겁니다.

당시 털에 대한 이야기가 또 있습니다. 철학자 칸트는 이런 명언을 남깁니다. 여자들은 과학 공부를 너무 열심히 하면 수염이 자랄 위험을 감수해야 한다고요. 수염이 자라면 여자로서 매력이 사라져서 남성에게 힘을 행사하지 못하게 될 것이라 경고했다지요. 이 경고는 또 다른 이야기와 연결됩니다.

1967년 캐서린 스위처가 성별을 숨기고 마라톤을 완주하기 전까지 마라톤은 여성에게 금지된 스포츠였습니다. 당시에 여성은 마라톤을 뛸 수 없다고 했던 이유가 뭔지 혹시 아실까요? 여러 말도 안 되는 이유가 있었는데, 그중 하나가 '여성이 마라톤을 뛰면 가슴에 털이 난다'였습니다. 여기서도 '털'이군요. 최초의 여성 마라토너 캐서린 스위처를 다룬 기사에서 이 내용을 접했을 때, 웃음도 웃음이었지만 왜 하필 '털'이었을까, 의문이었는데, 250년 전에 과학을 공부하는 여자들에게 '수염'의 위험을 경고한 칸트의 이야기를 들으면서 이해가 되었습니다. '털'은 남자들의 상상력이 만들어낸 여성에 대한 일종의 경고였던 셈입니다.

앞서 말씀드린 마라톤의 경우 여자들을 금지시킨 이유에는 털 외에도 여러 가지가 있습니다. '여자가 마라톤을 뛰면 자궁이 뚝 떨어진다'가 있고요. '다리가 두꺼워진다'도 있었습니다. 그런 상황에서 캐서린 스위처가 여자라는 것을 숨기고 마라톤에 참가하지요.

당시는 신청서에 성별 표시도 없었다고 합니다. 어차피 인간이 곧 남성이었으니까요. 그렇게 캐서린 스위처는 여성이 마라톤을 완주하더라도 자궁은 그대로고 털도 나지 않는다는 걸 증명해야 했습니다. 그들이 규정한 것을 굳이 아니라고 하나하나 반박하고 증명해야 하는 위치에 바로 '여성'이 있습니다. 그래서 여자들은 늘 같은 질문을 받습니다. 아무리 답해도 그 답이 정답인지 오답인지를 채점하는 사람은 여성이 아니기 때문입니다. 이 강의의 제목인 '미소지니, 여성이라는 따옴표'는 이렇게 따옴표 안에 갇혀 살아낸 존재들을 의미합니다. 남성 중심의 세계관이 만들어낸 이미지 속 '여성'이자, 실제로 존재하지 않는 상상 속의-털 없는 뽀얀 피부의러스킨 혹은 공부해서 털이 나버린칸트-'여성' 말입니다.

우리 시대는 어떨까요, 여러분은 여자를 어떤 따옴표에 가두고 있나요? 이슬만 먹고 사는 여자, 꽃사슴처럼 우아하고 고귀한 여자, 화장실도 안 가고 방귀도 안 뀌는 인형 같은 여자?

한 수업에서 어떤 중년의 남성분이 아내의 몸을 보고 역겨워한 러스킨의 일화를 들은 후에 저에게 "이건 옛날 일이 아니다"라고 하셨습니다. "그런 남자들 한둘 아니다, 여럿 보았다"라고도 하셨지요. 귀 기울여 그분의 이야기를 들어보았습니다. 이분이 어떤 이야기를 하셨을까요? 혹시 예상하는 이야기가 있으세요? (청중: "…….") 혹시 출산할 때 아내의 분만 장면을 보지 마라 하는 말 들어보셨어요? (청중: "네.") 중년 남성분이 꺼낸 이야기가 그 사례였어요. 남성들 사이에서도 그런 이야기를 하는가 봅니다. 분만을 앞둔 여성들 사이에서도 절대로 출산 장면을 남편이 보게 해서는 안 된다는 당부가 전해집니다.

왜 그런 당부들이 오갈까요? (청중: "성욕이 떨어져서요.") 네, 그렇습니다. 남편이 자연 분만 장면을 보면 충격에서 헤어 나오지 못한다고 경고하죠. 그래서 그다음부터는 부부간 성관계 시 발기가 안 된다더라, 이런 말을 한다는 겁니다. 아내의 출산 장면을 본 남성들이 정말 발기가 안 되는지는 알려져 있지 않습니다. 중년 남성분이 전하려는 건 남자들 사이에서 여전히 그런 이야기들이 오간다는 사실이었지요. 왜 그런 이야기들이 돌아다니고 있을까, 질문해 볼 필요가 있습니다.

모든 여성이 출산을 하는 것은 아닙니다. 하지만 여성의 출산을 통해 인류는 지금까지 이어져 왔습니다. 그것을 생각하면 아이가 산도를 통해 나오는 장면은 우리에게 익숙한 것이 되었어야 합니다. 하지만 출산 장면은 신비로우면서도 동시에 역겨운, 다소 동물의 그것과 같은 느낌을 불러온다는 겁니다. 분만 장면을 본 이후로 아내와 성관계를 할 수 없다는 문장은, 또다시 인간인 여성의 모습을 있는 그대로 초대한 적 없는 세계가 만들어낸 부정적 감정을 배경으로 합니다.

300년 전에는 러스킨이 털이 있는 아내를 보고 화들짝 놀랐지요. 지금은 아기가 질을 통해 세상 바깥으로 나오는 장면이 남편의 성욕을 떨어뜨리는 일이 되곤 해요. 질은 삽입 섹스의 기능을 가진 성애화된 기관으로 연상되어 있을 뿐, 인간의 재생산과는 연결되어 있지 않은 것처럼 말입니다.

존재를 있는 그대로 받아들인다는 건 아이를 낳는 어떤 장면, 아이를 낳는 그 사람, 그 경험, 이것을 그대로 초대하는 과정이라 할 수 있습니다. 하지만 그렇지 못한 세상에서 남편은 그들의 판타지를 보존하기 위해 출산 장면을 보지 말라는 경고를 받고, 아내 역시 그 장면을 감추며, 심지어 출산 후 질의 '원상 복귀'를 위해 부인과 수술질 수축 수술을 감행하기도 합니다. 출산 후 출산 전의 몸으로 돌아가야 한다는 강박, 그것은 따옴표 쳐진 '여성'으로의 복귀를 의미합니다.

우리나라 미용 시장은 전 세계의 4분의 1 규모를 차지하고 있습니다. 패션, 화장에도 한류 열풍이 불고 있다고 언론에 소개되지요. 그만큼 우리나라는 여성의 외모에 관심이 많고, 외모 품평과 '얼평' 얼굴 평가 없이 인사를 못 하는 지경에 이르렀습니다. 살 빠졌다, 얼굴이 좀 작아졌네, 피부가 좋아졌네, 등의 말이 곧 인사말이 되고 있습니다. 그 사이에서 내 몸은 내 몸이 아닌 시선에 갇힌 몸이 되어 가고 있지요.

과거나 현재나, 유럽이나 우리나라나 차이는 있지만 근본적으로 여성을 대하는 태도는 그리 달라지지 않은 것 같습니다. 여성스러움, 또는 아름다운 여자에 대한 기준 등, 여자를 어떤 따옴표 안에 가두어 두려고 한다는 점에서 말입니다.

사라진 여성들:
"언제 이렇게 여자가 많아진 거야?"

2017년 외교부의 한 간부가 여성은 열등하다는 발언을 해서 문제가 된 적이 있습니다. 당시 그 자리는 외교부 내 여성 간부 수를 늘리는 방안을 담은 외교부 혁신안에 대해 기자들과 이야기 나누는 자리였는데 해당 간부가 "우리 때는 여자가 있지도 않았어." "아니 언제 이렇게 여자가 많아진 거야"라는 등의 말을 했지요. 심지어 "5년만 있으면 여자들이 다 과장될 건데 뭘 더 어떻게 해주란 말이야"라는 발언도 있었습니다.

옛날엔 여자들이 있지도 않았다는 말은 그의 눈에 뜨이지 않았다는 뜻이기도 하고, 이미 존재하는 여자들을 인간으로 바라보지 않았다는 뜻이기도 해요. 그가 보기에는 여성들은 그저 집에서 살림하는 존재였던 것 같습니다. '나랏일'은 남자들이나 하는 거죠. 그러다 깜짝 놀란 거예요. 외무고시 합격생 중 상당수가 여성이고 그만큼 외교부 직원 중에 여성의 수가 늘어났죠. 오랫동안 근무했던 그 간부가 보기에는 정말 놀랄 일이 아닐 수가 없었을 겁니다.

그렇다면, 남자는 바깥일을 하고 여자는 집안일을 한다는 고정

관념은 대체 언제부터 생긴 걸까요? 오늘날 경제 활동을 하는 남자를 일컬어 '생계 부양자'라고 합니다. 그래서 우리 머릿속에는 '가족들 먹여 살리느라 고생하는 아버지' 이미지가 있어요. 지금은 아닙니다만 과거에 실제로 그랬던 때가 있습니다. 언제일까요? (청중: "1960년대요.")

네, 그때는 전체적으로 국민 소득도 낮고 일자리도 부족했습니다. 그러다 보니 아버지 혼자 벌어서 온 가족이 먹고살지 않았어요. 그렇다면 한국 산업 구조 안에서 '아버지 가장과 전업주부 엄마'라는 틀이 잡히기 시작한 때는 언제인지 생각해 볼까요? (청중: "1980년대요.")

네, 보통 1988년 올림픽 전후로 잡습니다. 올림픽 이후 경제가 급성장하잖아요. 그러나 이러한 성장이 계속되었던 건 아닙니다. 딱 10년 후에 끝나죠. 바로 1997년 IMF 사태가 도래합니다. 남자 혼자 벌어서 온 가족이 먹고살았던 시기는 길게 잡아도 10년에 불과합니다. 그것도 전 국민이 아니라 중산층에만 해당하는 일이었습니다. 그럼에도 이 생계 부양자 서사는 여전히 계속되고 있어요. 우리 머릿속에는 여전히 여자들은 집에 남아 놀고먹고 아버지는 바깥에 나가서 돈 버느라 등골이 휜다는 등의 사실과는 동떨어진 이미지가 새겨져 있습니다.

여성은 늘 변함없이 노동을 해왔습니다. 일을 하지만 '일'이라고 불리지 않았죠. 가사 노동이 대표적입니다. 여자들이 집에서 하는 일은 '노동'이 아니라 그냥 집안일로 취급했습니다.

가족의 생계를 책임진 여성들도 당연히 많았습니다. 한국 전쟁 이후 전후 복구 시기에도 여성은 생계 부양을 해왔고, 1960~70년 대에도 남성 1인에 의한 생계 부양이 가능하지 않았기 때문에 여성들은 가족의 생계를 위한 노동에 투입되어 왔습니다. 생계 부양 자라는 호칭을 부여받지 못했을 뿐 그들은 '불쌍한 어머니', 혹은 '살림 밑천_{맏딸}'이라는 이름으로 척박한 그 시대를 일구어 왔습니다. 학업을 중단한 후 '살림 밑천'이 되어 집안의 기둥이 될 아들의 학비를 대고, 산업 역군이 될 남동생의 생계를 책임진 여성들을, '우리 때는 여자가 있지도 않았어'라는 한 문장으로 지워내고 있지요.

산업화 시기 박정희 군사 정권이 중화학 공업 육성책의 일환으로 전국에 101개 공업 고등학교를 만들었습니다. 이 중 여학교는 단 한 곳도 없습니다. 94개의 남학교, 그리고 7개의 남녀 공학이 있었을 뿐입니다. 그러면 어린 여성들은 무엇을 했을까요? 남자들을 산업 일꾼으로 육성하는 동안, 여자들을 위해 여자 상업 고등학교를 만듭니다. 당시 공부도 꽤 잘하고 가정 형편이 넉넉한 집의 여자들은 상업 고등학교를 갔습니다. 그렇지 못한 여자들은 중학교 혹은 초등학교를 졸업하고 바로 취업을 했어요. 공장에 들어갑니다. 또는 국가 주도 기생 관광 산업에 투입됩니다. 박정희 정권이 집권하자마자 육성했던 산업입니다.

미국 상무성이 1958년에 발간한 보고서 〈태평양 및 극동 지역

우리 머릿속에는 여전히 여자들은 집에 남아 놀고먹고 아버지는 바깥에 나가서 돈 버느라 등골이 휜다는 등의 사실과는 동떨어진 이미지가 새겨져 있습니다. 여성은 늘 변함없이 노동을 해왔습니다. 일을 하지만 '일'이라고 불리지 않았죠. 가사 노동이 대표적입니다. 여자들이 집에서 하는 일은 '노동'이 아니라 그냥 집안일로 취급했습니다.

관광의 미래〉를 보면, 저개발 국가나 개발 도상국들이 관광 산업을 육성해야 한다고 되어 있어요. '서울에서 밤에 체험하고 구경할 수 있는 것을 개발하라'는 등 한국에 대해서도 언급하고 있고요. 당시 미국은 냉전 체제하에서 제3세계를 우방국으로 끌어들이기 위해 이른바 '저발전' 국가의 발전을 지원했고 정통성을 갖지 못한 박정희 군사 정권의 이해관계와 맞아떨어지면서 '경제 발전'은 국민 동원의 중요한 키워드로 자리하게 됩니다. 군사 정권은 미군 '위안부'를 중심으로 했던 외화 벌이에서 일본인을 상대로 한 기생 관광 활성화를 추진하죠. 일본의 대만 수교 단절과 이로 인해 갈 곳 잃은 일본 남성 관광객들을 박정희 군사 정권이 한일 협정을 통해 한국으로 이끌면서, 대한민국은 명실상부한 국가 주도 성매매 관광지가 되었습니다. 당시 여자들은 공장에서, 관광호텔에서, 시장에서, 기지촌에서 가족의 생계를 부양했지만 이들은 없는 존재, 잊힌 존재가 되었습니다.

외교부 간부의 말 "우리 때는 여자가 있지도 않았어"는 그런 맥락에서 이해할 수 있어요. 여자들은 아무리 열심히 일해도 '산업 역군'이 될 수 없습니다. 여성을 공적 존재가 아닌 사적 존재로 규정하는 한, 이들은 사적 언어 안에 존재할 뿐 공적 언어로 표현되지 않으니까요. 민주화 운동 과정에서도 가내화家內化된 여성이라는, 비슷한 양상을 찾아볼 수 있습니다.

박정희, 전두환으로 이어지는 독재 정권에 수많은 국민들이 피를 흘리며 항거했습니다. 정말 남녀노소 없이 열심히 싸웠지요. 그런데 여기에도 여성은 누군가의 아내, 누군가의 여자여자친구, 누군가의 딸, 누군가의 어머니로 호명되어요. 여러분 '민주화실천가족운동협의회'민가협라는 단체 이름 들어 보셨나요? 1985년 민주화 운동 과정에서 구속 수감된 양심수들의 석방을 위해 양심수 어머니를 주축으로 구성된 민가협은 이후 국가보안법 철폐 투쟁을 포함하여 민주화 운동의 주축으로 활동해 왔습니다. '가족'의 이름으로 시작한 싸움이지만 국가 폭력에 저항하는 어느 곳에나 민가협이 있었죠. 그런데 왜 이름에 '가족'이 들어갈까요? 투쟁의 현장에서 여성은 양심수였고, 동지였고, 동시에 어머니였지만 그것의 표지는 '가족'으로 소급됩니다. '양심수'는 남성으로, '가족'은 여성으로 그려진 민가협의 상징 이미지는 또다시 성별화되어 기록되는 민주화 운동의 현장을 보여줍니다.

해당 단체가 뭔가 잘못되었다고 말씀드리려는 게 아닙니다. 그만큼 민주화의 열풍이 거셌던 시기조차 광장은 젠더화 되었으며, '여성'은 주체로서 호명되기보다 가내적 존재로 호명되었다는 점을 전달하고자 하는 거예요. 당혹스럽게도 과거 민주화 운동을 회상하며 '남자들이 일군 민주화'라거나 '여자들은 그때 뭐했나?'라는 게시물을 마주할 때가 있습니다. 실제로 운동 사회 안에서도 여성들의 기여를 부차적으로 평가하는 시선이 암묵적으로 존재합니다. 가장 가까이에 있는 불평등을 간과하면서 정의, 민주주의, 평등, 공정함을 이야기하는 건 모순이 아닐까요? 그래서 페미니스트들은 이렇게 말합니다. "성평등 없이 민주주의 없다"라고요. 주체와 타자, 주체와 대상을 나누는 구조 안에서는 민주주의라는 말이 껍데기뿐일 수 있어요.

'남성'의 등장과 위치 변동: '여성'의 보호자에서 성평등의 연대자로

이제 본격적으로 우리 사회의 여성 혐오에 대해 말씀드릴까 합니다.

일상적으로 쓰이는 여성 혐오 표현이 뭐가 있을까요? (청중: "김치녀, 된장녀.") 네, 한때 '-녀' 표현이 유행했었지요. 조금 뜸하긴 합니다만, 요즘도 인터넷 공간에서는 그런 표현이 많이 돌아다닙니다. 2015년 이전에는 그 말이 혐오 표현인지도 몰랐지요. 그리고 또 다른 표현이 있나요? (청중: "맘충이요." "○○년이요.") 그렇습니다. 요즘 청소년들은 상대방의 성별과 무관하게 '-년'이라고 부른다고 합니다. '○○놈'은 비하하는 느낌이 적기 때문인지 '○○년'이라고 한다지요. 네, 그래서 종합해 보면 우선 김치녀, 된장녀, 지하철 반말녀, 개똥녀, 버스녀, 온갖 '-녀' 시리즈가 있었어요. 그리고 '맘충'이라고 해서 여성의 육아 노동을 비하하는 글들이 올라옵니다.

대표적인 '맘충' 사진이 무엇이 있을까요? (청중: "식당에서 아기들 기저귀 가는 거요.") 그렇습니다. 그 외에도 지하철에서 아이가 힘들다고 하니까 자리에 누인 것도 '맘충'이라는 호명이 붙어서 인터넷에 올라옵니다. 댓글로 쯧쯧쯧, 개념 없는 맘충, 이런 글들이 달립니다. 그때 지하철에서 오줌 싸는 성인 남성 사진이 댓글로 달립니다. 지하철의 긴 좌석에 일자로 누운 아저씨 사진도 올라와요. "맘충 맘충 그만 좀 해라, 이게 맘충이면 이건 뭐라고 부를건데?" 하고요. 자, 여러분 공공장소에서 이런 행동을 한 성인 남성을 그의 성별이 드러나도록 부른다면 뭐라고 불러야 할까요? 통상 이런 경우 진상, 무개념, 이상한 아저씨 정도로 부를 수 있을 겁니다. 그런데 여기에는 성별이 없어요. 그냥 인간입니다. 성별이 여성일 때와는 달리 성별이 부착되지 않는 거죠. 그러던 어느날 '남성'이라는 성별을 표시하며 호명하는 사례가 등장합니다. 무엇일까요? 네, 바로 '한남'이라는 말이었어요. 한국 남자를 줄여 쓴 '한남' 혹은 '한남충'이라는 말이 2015년에 최초로 등장해요. 디시인사이드 메르스갤러리에서 미러링 놀이가 시작된 그때입니다. '미러링'이란 여성을 대상화해온 방식 그대로 남성을 대상화해보는 '거울 비추기'를 말합니다. 그전에는 호명하는 주체는 늘 남성이었어요. 여성은 항상 성별 딱지가 붙여지는 대상이었습니다. 여성들은 거꾸로 남성에게도 성별 딱지를 붙여 호명하면서, '이렇게 대상화되어 보니 기분이 어때? 이제까지 우리가 어떤 기분인지 알겠어?' 하는 맥락이었는데, 여기에 많은 남성들이 분노합니다. 성별로서 대상화되어 본 적 없는 남성들이 미러링에 반응하기 시작한 거예요. 호명할 특권을 누리던 사람들이 화들짝 놀랍니다. 흥미로운 점은 미러링이 시작된 2015년부터 여성 폭력, 반成성폭력 집회에 남성들이 동참하기 시작했다는 점이에요. 이 변화는 정말 놀라웠어요. 왜냐하면 여성 단체에서 집회를 그렇게 해도 시큰둥하던 남성들이 이 문제를 '여성' 문제가 아닌 성에 기반한 사회 문제로 느끼고 움직이기 시작한 거예요.

이후 남성이 동참하는 방향으로 사회적 분위기가 바뀌기 시작한 계기가 바로 강남역 살인 사건입니다.

이때부터 본격적으로 여성 혐오가 우리 모두의 문제로 인식되기 시작합니다. 2016년 5월 17일 강남역 근처 건물 공용 화장실에서 한 여성이 오로지 여자라는 이유만으로 한 남성에게 살해당합니다. 이전에도 비슷한 사건들이 많았죠. 여성을 대상으로 한 살인은 그날 최초로 일어난 게 아니었죠. 그런데 이때 사람들 반응이 전에 없이 폭발적이었어요. 매일처럼 사람들이 모이고 수많은 남자들도 함께 추모의 행렬에 참여했습니다. 무엇이 차이를 만든 걸까요? 무엇이 우리를 달라지게 한 걸까요?

언젠가 워크숍을 하면서 조사를 해보았습니다. 우선 여성들에게 물었어요. 당신들은 성폭력과 어떤 관계를 맺고 있느냐고요. 그랬더니 대부분 잠재적 피해자로 자신들을 생각해요. 그럴 만도 하지요. 여자들은 늘 조심하라는 말을 듣고 사니까요. 밤늦게 다니지 마라, 다리 벌리고 앉지 마라, 치마 짧게 입지 마라, 이런 말을 일상적으로 듣다 보면 몸을 조심하는 방향으로 일상을 구축하게 됩니다. 그렇다면 남성은 어떨까요? 남성들에게 성폭력과 본인이 어떤 관계를 맺고 있는지 질문하면 어떤 응답이 나올까요? 첫 번째로 '생각해본 적 없다^{무관하다}'는 답이 가장 많습니다. 성폭력은 여성의 문제이지 자신과는 상관이 없다고 여기기 쉽죠. 두 번째는 '남자는 나 빼고 다 늑대'라는 말과 관련됩니다. 이런 말 해본 적, 혹은 들어본 적 있으신가요? 여기에서 '나'는 보호자이고, '늑대'는 가해자를 지칭합니다. 즉 남성들은 자신을 성폭력 위험에 처한 여성에 대한 보호자로 위치 지을 때가 있습니다. 그리고 세 번째는 자신을 뺀 나머지를 늑대, 즉 가해자로 지정합니다. 요컨대 남성은 성폭력과 무관하다고 여기거나, 잠재적 피해자들의 보호자를 자처하고, 성폭력 가해자와 자신은 분리시켜 왔습니다. 앉을 수 있는 자리는 하나, '보호자'의 자리였죠.

"위험하니까 일찍 들어가, 술 마시지 마, 옷차림 좀 조심해." 하는 자칭 보호자들의 목소리에 여성들은 이제껏 "그래, 조심할게"라고 응답해 왔습니다. 그러다 이 사건을 계기로 바뀌어요. 여자들은 생각합니다. "왜, 내가 보호를 받아야 돼? 내가 왜 죽어야 돼?"라는 질문을 시작합니다. "보호받고 싶지 않습니다. 안전한 세상을 만들어요." 이렇게 외쳤잖아요. 이건 매우 커다란 변화입니다. 이 외침을 들은 남성들도 고민이 생깁니다. '내가 보호자가 아니라고? 그럼난 뭐지?' 소위 말하는 '멘붕'이 온 거예요. 스스로 '보호자'라 생각했는데, 여성들의 보호받지 않겠다는 선언은 보호자의 자리를 없앴죠.

남성들이 생각하기 시작합니다. 그러고 나서 질문했죠. 그러고 나서 답하기 시작해요. '나는 왜 지금까지 여성 대상 범죄는 '여자들' 문제라고 생각해왔지? 나는 왜 나를 보호자라고 생각해온 거지? 이건 개인의 문제가 아니라 우리 모두의 문제, 사회의 문제잖아.' 이렇게 생각하는 사람들이 생겨났죠. 강남역 집회에 참여한 남자들이 바로 그렇습니다. 성별을 뛰어넘는 연대가 이루어진 거예요. 그런데 또 다른 한 그룹은 안타깝게도 "보호자가 아니라고? 그럼 내가 (잠재적) 가해자라는 거야?"라는 잘못된 방향으로 생각이 이동합니다. 여성에 대한 폭력을 양산하는 사회 구조와 직면할 기회를 놓쳐 버렸죠. 그리고는 보호자 자리를 빼앗긴 것을 두고, 피해자인 양 행동하기 시작합니다. 연대자의 위치는 하향 이동이라 여깁니다. 안타까운 일입니다.

하지만 중요한 건 남녀 불문하고 사람들은 강남역 여성 혐오 살인 사건을 통해 여성을 대상화한다는 게 뭔지를 명확히 알게 되었다는 사실입니다.

'남성 혐오'가 불가능한 이유

앞서 여성에 대한 다양한 혐오 표현을 살펴보았죠. 사실 미소지니는 여성학에서 여성 혐오로 번역하지 않습니다. 그냥 영문 그대로 '미소지니'로 사용할 것을 권합니다. 그 이유 중에 하나는 '여성 혐오'라는 번역이 '남성 혐오'와 쌍을 이루어 회자될 수 있기 때문이에요. 혐오라는 '정동'情動 자체가 지배자의 정동이지, 피지배자나 약자가 강자를 향한 감정은 아님에도 마치 여성의 남성에 대한 혐오가 가능한 것처럼 오인할 수 있는 거죠.

법철학자 마사 너스바움은 혐오는 나보다 덜 인간적인 인간 집단을 만들어내는 데 쓰여 왔다고 말합니다. 그럴 때 사용해온 감정이 바로 혐오라고 말합니다. 예를 들면 이런 거죠.

어떤 사람이 누군가를 혐오한다는 건 이미 동등한 인간으로 감지하지 않는다는 뜻입니다. 나와 동등하다고 감지하는 존재를 어떻게 함부로 침해할 수 있겠어요. 내 안에 '너도 인간이고 나도 인간이야.' 이런 감각이 살아 있을 때-저는 이를 두고 '인간으로 초대한다'고 표현하는데요-혐오는 불가능합니다.

너스바움이 예를 드는 것 중 하나는 홀로코스트예요. 우생학의 이름으로 독일 민족이야말로 근대적인 신체를 가진 완벽한 인간이며 유대인 같은 열등한 종족에 의해 위기를 맞고 있다고 설명합니다. 지금은 말도 안 되는 얘기 같지만 나치의 선동은 사람들의 유대인에 대한 감각을 고착시킵니다. 근대화된 완벽한 신체를 가진 존재와 냄새나는 돼지와 같은 유대인 사이를 구별 짓는 감각이 새겨지죠. 너스바움은 유대인의 학살로 혐오라는 정동을 설명했지만 우리 역시 같은 경험을 갖고 있어요.

일제 강점기에 황국 식민화를 몸소 겪었잖아요. 일본인들은 본인들이 근대화된 인간 존재이고 식민지인 조선인은 열등한 존재라고 믿었어요. 독일인들이 유대인에게 부착시킨 혐오와 정확히 일치합니다.

이런 혐오는 국가와 민족 간에만 생기지 않아요. 같은 나라 안에서도 나타납니다. 인도에 불가촉천민이 있잖아요. 카스트 제도하의 최하층 계급이지요. 알다시피 이들은 '사람'으로 여겨지지 않습니다. 감정적으로 그렇습니다. 예를 들어 어느 날 불가촉천민이 깨끗하게 목욕하고 손 소독제 바르고는 상위 계급인 브라만에게 악수를 청하는 상황을 떠올려 보세요. 브라만은 '깨끗한 불가촉천민'이 내민 손을 잡을 수 있을까요? 더럽고 오염되었다고 느껴지는 불가촉천민과 악수가 가능하겠어요? 불가능합니다. 여기서 '더럽다'는 말은 실재 신체의 청결 상태를 말하지 않아요. 그것은 이미 사전에 집단화된, 상대의 몸에 부착된 감정입니다. 구체적으로, 지배 계급이 기획한 감정이에요. 그 대상이 되는 집단의 노력으로-예를 들어 깨끗하게 몸을 씻는 등의 노력으로-극복할 수 없어요. 더럽고 미개하다고 '느끼는' 주체가 이미 아니기 때문입니다.

미소지니를 이야기해 봅시다. 걸레라는 단어는 어떤 몸을 표현하는 데 쓰이나요? 성관계를 한 여성, 혹은 성관계를 했다고 믿어지는 여성을 두고 '걸레'라고 부를 때가 있죠. 실재로 그 몸이 더러운지 더럽지 않은지는 중요하지 않아요. 더러움을 그 몸에 입힘으로써 그 순간 젠더화된 힘이 작동하게 됩니다. 반면에 그 몸을 수백 번 '걸레'라고 부른다 한들 더럽혀질 수 없는 몸이 있습니다. 젠더화된 사회의 문법에서, 남성의 성관계는 능력이자 자부심이지 더러움이 아닙니다.

너스바움은 이렇게 이야기해요. 혐오는 대상의 몸에 더러움, 냄새, 끈적끈적함, 액체성 등을 입힌다. 사람들은 큰 고민 없이 성 소수자라고 하면 사실 관계와 무관하게 바로 질병'에이즈'을 연상하잖아요. 이성애자 남성이 에이즈 확산의 주범이라는 명백한 통계를 보여 줘도 질병은 이성애자 남성의 몸에 부착되지 않습니다.

너스바움은 여성학에서 오랫동안 사용해온 '대상화'라는 말을 제안합니다. 미소지니란 대상화를 익숙하게 실행시키는 역할을 하는 감정인 거죠. 예전부터 이런 일은 끊임없이 벌어졌습니다. 여자들은 원래 머리가 나쁘다, 수줍음이 많다, 같은 말 많이 들어보셨지요? 그들의 문법에서 부끄러움은 여성의 몫이었죠. 종교는, 정확히는 종교를 기록하고 전파하는 이들은 여자를 죄악의 근원, 음란함, 마귀 같은 존재로 묘사해 왔습니다. 태어나는 순간 죄인이 되기라도 하는 것처럼 말입니다.

성평등에 반대하는 사람을 만나본 적이 있으신가요? 남성이든 여성이든 성차별이 사라져야 한다는 것에 명시적으로는 동의합니다. 그런데 평등이 무엇인지, 어떤 상태가 평등한 상태인지는 잘 모르거나 그 의미가 서로 다를 수 있습니다. 말로는 '평등해야지!'라고 하지만 막상 직장에서, 일상에서, 가정에서, 광장에서 '여성'을 대하는 방식은 여성 혐오라는 정동에 영향을 받습니다.

그래서 저는 이렇게 표현해요. 혐오는 가랑비이다, 라고요. 그 안에 있으면 계속 젖어요. 조금씩 조금씩. 공기와도 다릅니다. 공기는 그게 있는지 잘 모르잖아요. 하지만 혐오는 느껴집니다. 젖은 옷을 말리지 않으면 어느 순간 푹 젖게 돼요. 혐오라는 가랑비에 젖은 옷을 말린다는 것은 내 위치에 대한 성찰을 말합니다. 내가 어떤 집단으로부터 대상화되고 있지는 않은지, 누군가를 대상화하는 특권을 갖고 있는 건 아닌지, 한번 고민해 봐야 해요.

광장에서 만난 미소지니

지난 탄핵 국면에서 촛불 시위가 연일 이어졌어요. 그 장면을 보면서 페미니스트들은 예기치 않은 고민에 빠져야 했습니다. 정치적 이슈임에도 여성에 대한 공격적 표현들이 많았거든요. 같이 집회에 참여한 여성으로서 광장에서 "-년" 소리를 끊임없이 들어야 했습니다. 기억하실지 모르겠지만, 국정 농단의 공모자로 우병우 전 민정수석이 지목되었지요. 그때 이 사람을 구속하라는 현상 공모 포스터가 등장했어요. 보니까, 위에 1100만 원이라는 현상금 액수가 쓰여 있고, 그 아래로 우병우 씨가 치마를 입고 앞에서 뛰어가고 있어요. 그 뒤를 남자들이 대거 쫓아갑니다. 따라오는 남자들 면면을 볼까요. 안민석, 정봉주, 손석희, 주갤러인터넷 커뮤니티 디시인사이드의 주식 갤러리 약칭, 이렇습니다. 저는 그 포스터를 보면서 망연자실할 수밖에 없었습니다. 왜냐고요? 그게 사실은 일본 AV성인물 비디오 포스터였기 때문입니다. 그 내용이 질내 사정 이벤트에 참가한 남성들이 한 여성을 쫓아가는 거였어요. 질내 사정을 위해 쫓아가는 남성의 얼굴에 촛불 시민을, 쫓기는 여성의 얼굴에 우병우를 합성합니다. 강간 서사에 적폐 청산이라는 정의justice의 옷을 입혔죠.

대구의 촛불 시민들은 당시 여당이던 새누리당 간판을 '내시 환관당'이라고 바꿉니다. 내시가 되기 전 새누리당은 그렇다면 '남성'이었던 걸까요? 왜 적폐 세력들은 촛불 시민에 의해 '여성'혹은 '거세된' 남성이 되어야 했을까요.

국정 농단은 명백히 부당한 정권의 문제입니다. 그런데도 그 주역들을 '여자'로 묘사합니다. 우병우 등은 여자가 되고 새누리당은 남성성을 거세한 환관이 돼요. 정의롭지 못한 남자, 부도덕한 남성을 비하하는 방식이 그들을 여자로 만드는 것일 때, 그리고 그러한 비하의 의도와 효과가 광장에서 별다른 저항 없이 통할 때, '민주주의'는 무엇이며 우리는 무엇과 싸우고 있는지에 대해 생각할 수밖에 없었습니다.

저는 촛불 광장을 보면서 프랑스 철학자 자크 랑시에르의 『불화』를 떠올렸습니다. 그의 책 제목처럼 여성으로서 그 광장에서 벌어지고 있는 혐오와 모욕을 보며 불화에 대해 생각하게 되었던 것 같습니다. 저는 촛불 광장이 우리 '모두의' 광장이라고 생각했습니다. 그런데 계속 불편한 거예요. 거기에 '여성'인 제 자리는 없다는 느낌을 받았습니다. 대통령과 측근의 국정 농단과 해방 이후 청산되지 않은 적폐는 분명 '여성'의 문제가 아니었음에도 불구하고, 마치 대통령이 여자라서, 권력자들이 남자답지 못해서^{여자 같아서-내시 같아서} 벌어지기라도 한 것처럼 미소지니를 전면화했으니까요. 심지어 여성 혐오를 '정치 풍자' 쯤으로 읽어내는 광장이었으니까요. 랑시에르식 표현으로 하면 '몫 없는 자'의 '몫 없는 자리'에 합의라고 한 것처럼 움직였습니다. 페미니스트들이 거기에서 "성평등 없이는 민주주의 없다"라고 외쳤지만 그 말이 무엇인지조차 사람들은 알지 못하거나, 알려하지 않았습니다.

중요한건, '왜 그랬을까?'입니다. 왜 적폐는 여성화되어야 했을까요?

전 이렇게 생각해요. 우리 사회에 적폐 세력 즉, 정의를 위해서 무찔러야 하는 세력이 견고하잖아요. 2016년 겨울, 그 카르텔이 무너질지 안 무너질지 촛불 시민인 우리도 확신할 수 없었습니다. 이

듬해 탄핵이 인용될 때까지도 철옹성 같은 그들과 힘겨루기가 가능할까를 의심했었죠. 무너지지 않을 것 같은 적폐에 압도당하지 않기 위해, "저거 별거 아니네." 하는 만만함이 필요할 때, 적폐와의 싸움이 매우 가능하다는 확신을 만들어내는 데 사용된 감정이, 안타깝게도 미소지니입니다.

누구도 새누리당의 성별이 본래 남성이라고 합의한 적 없지만, 새누리당을 내시로 만들 때 그들은 얕잡아 볼 수 있었습니다. 권력자 우병우는 남성 집단의 질내 사정 대상으로 이미지화되면서 정복할 만한 것이 되었고, 박근혜는 꾸준히 발가벗겨져 '여자'임이 상기되었습니다.

앞서 말씀드렸던 너스바움은 여성의 인간성을 거부하는 다양한 방식들 중 하나로 '가침성 violability'을 설명한 바 있습니다. 가침성은 말 그대로 '대상의 경계를 언제라도 침입하여 부서뜨리거나 박살 낼 수 있는 것으로 취급'하는 것을 말합니다. 남성의 여성에 대한 폭력이 그 반대의 경우보다 빈번한 이유는 비단 여성이 물리적으로 힘이 약해서가 아니라, 여성이라는 대상을 침범할 수 있다고 여기는 감각의 비공식적 합의 때문인 거죠. 그리고 주체의 온전성을 거부하고 침입과 훼손을 승인하는 익숙한 감각이 적폐를 '여성화'하는 방식으로 촛불 광장에서 활용되었다고 할 수 있습니다. 요컨대 적폐를 여성화함으로써, 적폐는 견고한 거대 권력에서 싸울 만한 것, 혹은 무너뜨릴 수 있는 것으로 이동했고, 그것이 광장을 4개월 넘게 지속시킬 수 있었던 엔진이 되었다고 봅니다.

저는 지금 미소지니가 한 개인을 대상화하는 문제만이 아니라, 한국 사회에서 권력을 작동시키거나 유지시키는 데에 오랜 세월 활용되어 온 정서 구조라는 말씀을 드리는 중입니다.

이 오랜 감각, 미소지니를 문제 삼아야 하는 이유는 '여성'에 대한 직접적이고 구체적인 피해를 초래하기 때문만이 아니라, 문제의 본질을 왜곡하고 근본적인 질문을 막는 데에 미소지니가 적극 활용되어 왔기 때문입니다. 예를 들어서, 한국 사회의 저출산 문제가 심각하다고 한 목소리로 이야기를 합니다. 그렇다면 이 문제를 해결하려면 어떻게 해야 할까요? (청중: "사회 복지 강화요.") 네, 아이를 낳아서 잘 키울 수 있는 사회 시스템을 구축해야겠지요. 고용 안정성을 키우고 교육 시스템도 바꿔야 합니다. 그리고 페미니즘에서 중요하게 이야기하는 것 중 하나가 '보살핌 책임의 분배'예요. 보살핌 책임을 '여성'이라는 한쪽 성에 위탁한 지금의 사회 구조를 바꾸지 않으면 안 된다고 말해요. 인간은 누구나 보살핌을 나누며 생존한다는 걸 알고 그런 관계를 사적화하거나 배제하지 않는 다른 삶의 방식을 만들어내야 한다고 말합니다. 즉 출산 거부 현상은 안정적인 소득 보장과 보살핌이 통합된 노동 시장, 교육의 공공성 강화와 마을 커뮤니티의 복원과 같은 사회의 근본적인 변화를 요구하고 있는 거죠.

그런데 저출산 대책들은 피상적인 대책을 마련하는 데서 멈춥니다. '여성'을 향해서 왜 아이를 안 낳느냐고 다그쳐요. 미소지니 사회에서는 많은 사람들이 이런 태도를 보입니다. "여자들이 이기적이어서 애를 낳지 않는다"는 식의 여성 혐오적 선동으로 근본적인 변화에의 요구를 차단하고, 변할 수 있는 기회를 가로막습니다.

한국보건사회연구원에서 조사하는 출산력 조사전국 출산력 및 가족 보건·복지 실태 조사가 있어요. 출산율을 높이기 위해서 정부가 고안한 정책이 지자체 출산 지도를 만드는 것이에요.

이 '출산 지도'를 살펴볼까요. 2015년 기준이고요. 20~44세의 가임기 여성 인구수를 조사한 결과인데요, 임신 가능한 자궁은 서울에 가장 많습니다. 제주도가 가장 적어요. 제가 '자궁'이 몇 개다 하고 말하니 조금 듣기 불편하시죠? 네 저도 그렇습니다. 그런데 이 지도에서 표시하려고 한 것은 정확히는 여성이 아니라 '자궁'이기 때문에 이렇게 표현을 해보았습니다. 만약 정부가 가임기 남성의 숫자를 세어 지도를 만들었다면, 그건 남성이라기보다는 건강한 음낭의 숫자를 가늠한 것일 테고요. 그러나 그런 일은 일어나지 않았죠. 아마 가임기 남성 숫자를 세는 일은 앞으로도 없을 겁니다. 남성의 몸을 부위별로 분할하고 대상화하는 감각은 우리 사회에 부재하니까요.

정부의 자궁 숫자 세기 정책은 최근까지 계속되고 있습니다. 통계청에서는 가임기 여성의 수를 카운트하는 일을 빼놓지 않고 하고 있으니까요. 마치 자궁이 홀로 아이를 낳아 저절로 아이가 자라

■ 3.5만 명 이상	□ 22.9만 명 이상	■ 28.1만 명 이상	■ 40.3만 명 이상	■ 59.5만 명 이상

어른이 되는 것처럼 말입니다.

　국가 안보에도 이런 기제가 작동합니다. 정부에서 국가 안보 논의를 하죠. 여기에 페미니스트들도 참여하고 있고요. 탈냉전 시대 이후에도 냉전을 지속하는 한반도에서 국가 안보란 무엇인가, 한반도에서 국가 안보와 세계 안보는 어떻게 논의되어야 하는가, 이 이야기를 계속 하고 있습니다. 그러면 이런 질문들을 출발삼아 심도 있는 논의를 국민들 차원에서 말할 수 있어야 하는데, 그런 과정이 한국 사회에서 진행되기가 매우 어렵다는 겁니다. 안보 논의,

징병제 등의 논의에는 앞뒤 상관없이 '여자는 왜 군대 안 가느냐'는 질문이 끼어듭니다. 군 가산점부터 시작해서 아주 오래된 습관처럼 미소지니가 작동합니다. '안보', '군사주의'에는 다가가지도 못한 채 다시 공회전합니다. 온 국민이 군대에 가기만 하면 국가가 안전해지는 것이 아님에도 불구하고 왜 우리는 '여자도 군대 가라'와 '여자가 군대 가면 나라가 위험하다'는 식의 앞뒤 안 맞는 말들을 무한 반복하고 있을까요.

그래서 페미니스트들이 말합니다. 미소지니를 떼어내지 않는다면, 그것을 꾸준히 활용해온 역사에 동조하고, 비판적으로 성찰하지 않는다면, 우리는 질문을 잃고, 사유할 힘을 잃고, 변화의 기회를 잃고, 때문에 미래를 만들어갈 수 없다고 말이죠.

그동안 국가는 여성을 도구화해서 문제를 단편적으로 해결하는 데 매우 익숙했습니다. 여성을 비난하고 도마 위에 올려 갖가지 조치를 취하는 방법이 가장 잘 통했고, 가장 쉬웠으며, 빠르고, 뒷감당할 것들이 적은 데다 저항이 적었으니까요.

요컨대 미소지니는 비단 여성의 삶과 직결된 문제만은 아닙니다. 일상적으로 그것은 여성의 생명을 좌우하기도 하지만, 전체적으로 한 사회의 근본 모순에 다가갈 수 없게 하는 데 매우 큰 영향을 미치고 있는 정서 구조라 할 수 있습니다.

성적 수치심을 느끼는 신체 부위는 어디?:
몸 통합성 bodily integrity

여성학에서 중요한 개념 중 하나가 '몸 통합성'입니다. 저는 그보다는 '온전성'이라는 말을 자주 쓰긴 합니다만, 번역을 어떻게 하든 그 몸이 통째로 존엄한 인간 존재, 그 자체라는 뜻이죠. 너무 당연한 이야기죠. 그런데 여성의 몸은 종종 익숙하게 분해되곤 합니다. 예를 들면 자궁, 난자, 가슴, 엉덩이, 성기 같은 것으로 말이죠. 몸 자체가 통째로 인간임에도 상대가 '여성'일 때 이 사실을 자꾸 잊습니다. 자궁이 스스로 아이를 생산할 수 없음에도 그 '자궁'을 여성과 등치시킬 수 있다고 여깁니다. 그리고 이런 일은 여성을 자궁으로 – 자궁을 가진 도구로 – 인지할 때에만 일어날 수 있습니다. 음낭을 '남성'과 등치시킬 수 없는 것처럼 여성은 자궁이 아니고, 저출산 대책으로 가임기 남성의 숫자를 센다는 아이디어를 생각해 낼 수 없는 것과 마찬가지로 가임기 여성의 숫자를 센다는 아이디어를 떠올릴 수 없어야 합니다.

2016년 대법원은 모르는 여성을 엘리베이터까지 뒤따라가 몰래 촬영한 20대 남성에게 무죄를 선고합니다. 이 사건의 범인은 총 49회 불법 촬영 혐의로 기소되었는데, 1심과 2심에서 48건에 대해서 무죄가 선고되었고, 유죄를 받은 1건의 불법 촬영물이 대법원에 가서 무죄를 받았던 사건이에요. 48건 불법 촬영에 대한 판사의 무죄 선고 이유는 "촬영 부위가 성적 욕망이나 수치심을 유발할 수 있는 신체에 해당한다고 단정할 수는 없다"는 것이었습니다. 지하철 등에서 여성의 신체 부위들을 찍었지만 '촬영 부위'가 성욕을 유발하지 않는 부위라는 1, 2심 판사들의 판단이죠. 이 재판부가 그나마 유죄로 판단한 1장의 사진은 범인이 지하철에서 한 여성을 엘리베이터까지 쫓아가 그 안에서 이 여성의 가슴 부위를 찍은 사진이었습니다. 그 부위는 성욕을 유발하고 수치심을 느낄 수 있다고 본거죠. 그런데 또 대법원은 가슴의 윤곽선을 강조하지 않았고 노출 부위가 없다며 "촬영된 신체 부위가 피해자와 같은 성별, 연령대의 일반적이고 평균적인 사람들 관점에서 '성적 욕망 또는 수치심을 유발할 수 있는 신체'에 해당한다고 단정하기 어렵다"고 판결합니다. 결국 49차례 여성의 몸을 불법 촬영한 20대 남성은, 죄가 없는 게 됐죠. 그러면 여러분, 평균적인 사람의 관점에서 성적 욕망을 부르는 여성의 신체 부위는 어디일까요? 여성에게 수치심을 유발하는 신체 부위는 대체 어디일까요? 이 범죄는 무엇에 대한 침해인 걸까요? '신체 부위'는 여기에서 왜 등장하는 걸까요?

판사가 정해 준 '성적 욕망 부르는 부위'는 어디? 서울신문 2015. 05. 18.
몰카 7개월간 49번 찍었는데 무죄 … 이유는 연합뉴스 2016. 01. 24.

최근 언론에 나온 불법 촬영 사건을 하나 소개해 드리겠습니다.

어떤 남성이 여자 화장실에 들어가고, 뒤이어 여성이 화장실 쪽으로 들어갑니다. 잠시 후에 남성이 뛰어나와 도망가고 여성이 그 뒤를 따라가는 장면이 CCTV에 고스란히 잡혔어요. 이 여성은 경찰에 신고했고 경찰에게 황당한 말을 듣게 됩니다. 경찰은 그녀에게 '옷을 벗은 것도 아닌데 성적 수치심을 느꼈나?'를 질문합니다. 성적 수치심을 느끼는 부위냐, 아니냐를 따지는 판사들과 같은 이유로 묻는 거죠. 성적 수치심을 느끼는 부위면 그것은 성폭력으로 볼 수 있으나, 그렇지 않다면 그건 성폭력이 성립하지 않는 거죠.

다시 질문해 봅니다. 이것은 무엇에 대한 침해일까요. 스웨덴은 여성에 대한 폭력을 정의할 때 '온전성bodily integrity에 대한 침해'로 정의합니다. 침해당하지 않아야 마땅한 그 몸, 즉 인격을 침범하는 것이 범인의 죄목입니다. 앞서 말씀드린 49건의 불법 촬영은 한국에서 '성적 욕망을 불러일으키거나 수치심을 일으키는 부위'가 아니라는 이유로 무죄가 되었지만, 존엄해야 할 그 몸을 불법으로 침범해 촬영했으므로 스웨덴에서는 명백한 유죄가 됩니다. 두 번째 사건 또한, 가해자의 촬영 시도가 그 여성이 옷을 내리기 전인지 후인지와 무관하게 온전한 몸통째로 존엄한 그 몸을 침범했다는 점에서 그는 유죄입니다. 여자 화장실에서 카메라를 들고 여성의 몸을 침범하기 위해 대기하던 그 순간에도 그는 유죄죠.

현재까지도 법은 여성의 신체 부위를 따집니다. 어디를 만졌나, 어디를 찍었나, 그 부위는 성폭력이라 할 만한가 아닌가를 말입니다. 이것이 문제입니다. 여성은 그 자체로 통합된 인간 – 몸이고, 결코 '부위'로 나눠질 수 없으니까요. 그런데 왜 이런 일이 계속 벌어지는 걸까요? 그동안 여성의 몸을 부위로 사고하고 사용하는 일에 이미 익숙하기 때문은 아닐까요?

듣는 이의 책임

'여성의 몸은 도구가 아니야', '여성의 몸은 온전해', '여성은 몸 통합성을 가졌어'라고 아무리 외쳐도 그 말이 무슨 뜻인지, '부위'가 되어본 적 없는 이들은 알지 못합니다. 신체 부위로 환원되는 경험이 무언지, 그 상태와 그 느낌을 알 수가 없죠.

레이 랭턴이 말한 대상화의 방식 중 '신체로의 축소'가 바로 이런 사례에 해당합니다. 그는 동시에 '침묵시키기'에 대해 이야기합니다. 이때의 침묵시키기는 감금이나 말하지 못하도록 입을 막는 등의 물리적 행위를 말하는 게 아닙니다. 사상의 자유를 보장하지 않는다는 말도 아닙니다. 말할 수 있으나 말할 수 없고, 말한다고 해서 들릴 수 없고, 들릴 수 없는 그 말은 '소음'으로 흩어진다는 의미에 가깝습니다. 이와 관련해서 인도 출신 페미니스트 가야트리 스피박 이야기를 해보겠습니다. 이분이 1988년 '서발턴은 말할 수 있는가?'라는 글을 발표하면서 커다란 파장을 불러일으킵니다. 여성학을 배우려면 필수적으로 읽어야 할 텍스트입니다.

랑시에르는 '몫이 없는 자들'이 만들어 가는 감각의 짜임과 단절하는 정치를 말하죠. 자기 몫을 요구하는 것이 아니라 익숙한 감각의 짜임을 흔들고 균열을 내는 정치요. 스피박은 중층 결정된 위치에 있는 이들의 발화를 설명합니다. 서로 표현하는 언어는 다르지만 내용은 비슷하더라고요. 그녀가 말한 서발턴subaltern은 우리말로 '하위 주체'로 번역됩니다. 이들은 랑시에르에게는 '몫 없는 자들'이지요. 그녀는 이 하위 주체가 과연 말할 수 있는지를 묻습니다.

아시다시피 인도는 오랫동안 영국의 식민지였습니다. 제국의 언어로 제국의 일부가 된 식민의 상태를 말하는 것의 어려움, 동시에 '여성'인 그가 중층적 위치에서의 꼬인 발화를 고민한 건 어쩌면 자연스러운 일이었을 겁니다. 그분이 다음과 같은 예를 들어서 설명합니다.

인도의 힌두 마을에는 사티라는 오래된 풍습(?)이 있었다고 해요. 남편이 사망하면 남편을 화장하는 장작불에 아내도 같이 죽어야 했죠. 끔찍한 상황이지만 그 장면을 한번 생각해보겠습니다. 한 인도 여성이 사티를 앞두고 있다고 합시다. 그녀는 인도인이자 여성입니다. 그러자 제1세계 남성이 이렇게 이야기하는 거예요. "인도, 너희 진짜 미개하다. 어떻게 이렇게 죽일 수가 있나, 이 여자 너무너무 불쌍하다"라고요. 이 말을 듣고 있던 제3세계 남성이 말합니다. "아니. 우리는 미개하지 않아. 이 여자가 왜 불쌍해, 이 여자는 스스로 죽고 싶어한다고!" 이 인도 여성은 그렇다면 제1세계 남성의 말처럼 너무 불쌍한가요? 아니면 인도 남성의 말처럼 죽고 싶을까요? (청중: "둘 다 틀려요.")

네 맞습니다. 둘 중 무엇도 충분치 않습니다. 일단 누구도 이 인도 여성에게 묻지 않았습니다. 대화는 두 분이 하고 있습니다. 제1세계와 제3세계 남성이 지금 제3세계가 미개한지 아닌지에 대해서(주제) 이 여성을 사이에 두고(내용) 대화를 하고 있죠. 이때 여성은 대화의 주체가 아니라 대화의 '내용'으로 결합합니다. 이 '인도' 여성은 미개함을 인정하면 살 수 있겠지만 인도인으로서 미개해져야 하고, 미개하지 않다고 말한다면 미개해지지 않을 수 있지만 그와 동시에 기꺼이 죽어야 하는 '여성'의 위치에 있습니다. 이런 상황에서 이 인도 여성은 어떤 말을 할 수 있을까요, 이 여성에게 '말한다'는 것은 무엇일까요. 하지만 스피박의 '하위 주체는 말할 수 있는가?'라는 질문이 '결코 이들은 말할 수 없다!'고 외치는 것은 아닙니다. 만약 그런 결론이라면 마침표를 찍었겠지만, 스피박은 물음표를 찍고 있으니까요. 그는 물었고, 우리는 질문을 이어가는 중입니다. 그리고 그 다음의 이야기를 이어 가려면 질문을 바꿔볼 필요가 있습니다.

일단, 만약 우리가 이 인도 여성을 대화의 내용이 아니라, 대화의 주체로 초대하고 그의 의사를 확인한다면, 그는 살고 싶어 할까요? 아니면 그대로 죽겠다고 말할까요? (청중: "살고 싶을 것 같아요.")

그럴까요? 정말 살고 싶은 마음이 들까요? (청중: "아뇨. 죽고 싶을 것 같아요. 그게 전통이면요.") 그럴까요? 그러면 그때 '죽고 싶다'는 건 그녀의 '자발적'인 선택인가요? (청중: "…….")

그러면, 질문을 또 조금 바꿔 보겠습니다. 이 여성이 '살고 싶다'라는 생각을 떠올릴 수 있으려면 어떤 조건이 필요할까요? 그녀가 '나 안 죽어도 되지 않을까?' 이런 생각을 언제라면 할 수 있을까요? (청중: "살아도 될 때?") 네. 그렇죠. 만약 이 마을이 사티의 예외가 없다면 그녀는 살아도 된다는 생각을 하기 어려울 수 있습니다. 간혹 불길을 뚫고 뛰쳐나와 겨우 목숨은 건져 예외적으로 살아남은 여성이 있다 하더라도 주변의 시선 속에서 '사는 것 같지 않은 삶'을 살고 있다면, 아마도 그 장면을 보아 왔던 그녀는 "차라리 죽는 게 낫겠다"고 생각할 수도 있습니다. 아니면 과거 열녀비의 주인공인 '열녀'들이 그러하듯이 기꺼이 명예로운 죽음을 맞이하겠다고 다짐할 수도 있겠지요. 그 장면을 두고 제3세계 남성들은 "그것 봐 죽고 싶어 하잖아"라고 해석할 수 있겠습니다. 그들이 과거에 '열녀비'를 세워 여성의 죽음을 집안의 명예를 증명하는 데에 사용했듯이 말입니다. 그런데 만약, 또 다른 선택지가 있다면 어떨까요? 만약 이 자리에 있는 분들이 이웃에 살면서 이 인도 여성을 향해서 "○○아, 굳이 안 그래도 돼. 네가 왜 죽니. 그렇게 안 살아도 돼. 우리와 같이 살자. 나도 살아남았어. 잘 살고 있어!"라고 말하며 손 내민다면? "사티가 언제적 사티니, 쟤들은 아직도 장작불

피우고 있니? 어서 끄라고 해"라고 말한다면? 만약 그런 목소리들이 곳곳에 들려온다면 그녀는 '나도, 살아도 되지 않을까?'라는 마음을 품을 수 있지 않을까요?

정리하면, 스피박의 '하위 주체가 말할 수 있는가?' 하는 질문은, 하위 주체는 말할 수 없다가 핵심이 아니라, 말할 수 없는 이들의 '말하기'를 가능하게 하는 조건과 그 조건에 포함된 우리들/나의 책임감으로 연결하는 것이 핵심입니다. 말하기는 "말해! 말하라고!" 하는 식의 독촉으로 일어날 수 없고, 독촉은 오히려 침묵시키기의 기능에 합세합니다. 또한 말하지 않음/침묵은 하위 주체인 발화자의 책임이 아니라 침묵을 조건화하는 듣는 이들의 책무와 관련된다 할 수 있습니다. 말하기를 요구하기에 앞서, 혹은 말하지 않음을 비난하기에 앞서, 왜 이제야 말하느냐 질문하기에 앞서 되짚어야 할 것은 우리는 '들으려 했는가/들었는가'여야 할 것입니다.

불법 촬영의 유무죄를 성적 욕망을 불러일으키는 신체 부위로 가늠하는 사회에서 '침해'를 말하는 여성의 목소리는 오랫동안 가려질 수밖에 없었죠. 여성의 몸을 성적 대상으로 소비하는 일을 '남자다움'으로 합의한 세계에서 성적 대상이 된 여성들은 '예민하다'는 이야기를 듣지 않기 위해 침묵한 시간들이 있었지요. 물론 지금도 크게 달라지지는 않았습니다. 하지만, 2018년의 미투#MeToo는 위드유#WithYou의 응답 속에서 멈추지 않고 있습니다. 당신의 말을 들을 준비 되었고, 듣고 있으며, 그 목소리가 곧 나의 경험이라는 울림이 이어지고 있습니다. 과거 소음이었던 것들이, 위드유의 응답 속에서 '목소리'가 되고 있죠.

'스쿨 미투' 이야기로 이어갈까 합니다. 학교에서 일어나는 성폭력은 어제 오늘 일이 아닙니다. 그럼에도 더 이상 당하고 있지 않겠다는 외침이 최근에 생겼지요. 왜 이제야 발화했을까요? 듣는 사람들, 들으려는 사람들이 생겼기 때문입니다. 예전이라고 말하지 않았던 게 아니에요. 피해를 호소하고 재발 방지를 요구했지요. 그러나 아무도 듣지 않았습니다. 제가 학교에 다닐 때만 해도 학교에 소위 '변태'라고 불리던 선생님이 한 명씩은 있었습니다. 그때는 '변태'라고 불렀고 범죄라는 인식이 없었습니다. 그러나 몸의 온전성에 대한 침해임은 분명했지요. 스쿨 미투가 나오는 걸 보고 사람들이 '세상에 어떻게 이런 일이!' 같은 반응을 보이지 않았던 건, 이미 보고 겪었던 장면들이기 때문입니다. 이미 알고 있지만 맞서 싸우지 않았고 바꿔 놓지 못했던 것들이죠.

먼저 알아채고 싸워온 사람들

잠시 광고를 하나를 살펴보겠습니다.

국내 통신사의 5G 광고예요. 빠른 속도를 강조하는 콘셉트로 안정환, 이운재, 김연아 씨가 등장하는데요, "5G가 뭐죠?"라는 질문에 세 명이 차례로 대답합니다. 먼저 안정환 선수가 대답합니다. "쉽게 말하면, 5G 속도는 내 전성기 때 드리블 속도 같은 거지." 그랬더니 옆에 있던 이운재 선수가 끼어들어서 "아니지, 내가 볼을 막는 속도?"라고 하죠. 서로 자신이 더 빠르다고 말하고 있어요. 이때 김연아 선수가 5G의 빠른 속도를 표현합니다. 과연 뭐라고 했을까요? (청중: "트리플 악셀") 그렇죠, 이 자리에 있는 분들도 그렇고, CF를 보는 많은 사람들이 '김연아의 빠른 속도' 하면 떠오르는 건 트리플 악셀일 거예요. 그런데 광고의 다음 장면은 그런 기대를 무색하게 합니다. 김연아 선수가 손으로 꽃받침을 하면서 "5G는 제매력에 빠지는 속도?"라고 말합니다. (청중: "……?") 안정환 선수의 드리블 속도, 골을 막기 위한 이운재 선수의 빠른 점프, 그리고 김연아의 매력(?). 세 명의 선수가 두 명의 선수와 한 명의 '여성'으로 갈라지는 놀라운 장면입니다. 인터넷 게시판에 항의 글이 폭주했습니다. 남자 선수들이 본인 커리어와 능력을 어필하는 반면, 세계 1위 김연아 선수를 꽃받침과 애교로 연출한 장면은, 시대에 뒤떨어졌다는 비판에서 자유로울 수 없겠지요.

과거에 "여자는 직장의 꽃"이라는 표현이 아무렇지 않게 쓰이던 시절이 있었습니다. 지금은 아예 그 말이 사라지진 않았지만, 과거와 달리 여성을 꽃으로 환원하는 것은 이상하다는 공통감각이 생겨나고 있습니다. 그러다 보니 그런 말을 하기에 앞서 주저하게 되죠. 여배우나 여성 아이돌에게 애교를 요구하는 예능도 급격히 줄어들고 있습니다. 여전히 낙후된 방식으로 진행하는 몇몇 분들이 있지만 밥 먹듯이 하던 몇 년 전과는 확연하게 달라지고 있어요. 그런데 시대의 흐름을 가장 민감하게 포착해야 할 광고가 세계 1위 선수를 '매력 있고 애교 있는 여성'으로 환원하고, 심지어 자신의 커리어로 나선 두 명의 남성 선수 사이에서 '꽃으로 소비하는 장면은 그야말로 네티즌의 공분을 사기에 충분했습니다. 중요한 건 이후의 변화겠지요? 항의가 잇따르자 며칠 만에 광고가 바로 수정됩니다. 일단 '꽃받침'이 없어지고요. "매력에 빠지는 속도?"에서 "저의 완벽한 회전 속도?"라고 바뀌어요.

만약 여성들이 항의하지 않았으면 지금도 여전히 김연아 선수는 그 광고에서 꽃으로 남아 있을지도 모르겠습니다. 다행히도 우리는 먼저 문제를 알아챈 누군가의 감각으로 보이지 않았던 문제들에 접속할 수 있었던 거죠. 그리고 먼저 알아챈 누군가는 다른 사람이 아닌 바로 여기 있는 우리들이 될 수도 있습니다. 차별과 배제에 익숙해진 감각 세포를 되살리면서 문제가 아니라고 여겼던 것들을 발견하는 감각을 되찾는 것, 그것을 우리는 저항, 혹은 '일상의 정치'라고 부릅니다. 익숙한 감각의 짜임과 결별을 고하고 이후에 도래할 다른 장소로 이동을 시작하고 있으니까요.

이미 변화는 시작되고 있습니다. 여성 살해 범죄를 보도하면서 살해된 여성들을 '가방녀', '시멘트녀', '트렁크녀'로 쓰던 보도들은 이제 찾아보기 어려워졌어요. 불과 3년 전에 이런 제목이 가능했다는 사실이 믿기 어려울 지경이죠. 뿐만 아니라 여성만 성별을 표시하던 관행도 사라지는 중입니다. 성별을 여성만 표기하는 관행은 그 자체로 차별적이기도 하지만, 여성 대상 범죄를 '여성' 문제로 오인하게 한다는 점에서 문제적이었어요. 가해자는 아예 제목에서 드러나지 않거나, 등장한다고 해도 남성이라는 사실이 숨겨졌죠. 사회 문제였고 젠더화된 문제였던 이것이 여성의 문제, 여자들이 조심해야 할 문제, 나아가 여자들이 해결해야 할 문제로까지 여겨졌던 건, '여성'만을 표기하는 보도 원칙의 문제도 크게 작용했을 것이라 봅니다. 흔히 보는 이런 제목들이죠.

'1심 무죄' 부킹녀 성폭행 30대, 항소심서 법정구속 연합뉴스 2015. 09. 10.

길에 쓰러진 20대 만취女 성폭행하려던 법원 보안대원 연합뉴스 2015. 10. 12.

재혼녀 조카 성폭행해 집행유예 받고 또 범행 SBS 뉴스 2016. 02. 01.

檢, 대장내시경女 성추행 혐의로 의사 구속 헤럴드경제 2016. 03. 03.

"500만 원 가지고 와" … 성매매 유도 채팅녀들 협박 뉴스1, 2016. 03. 07.

급기야 2016년 페미니스트들은 여성을 대상화하는 보도 관행을 문제 삼으며 "우리는 기자 회견女인가? 하는 현수막을 들고 기자회견을 열었어요"우리도 기자회견女라고 보도할 건가요?" 미디어오늘, 2016년 6월 1일 이후 한국 사회는 '여성을 대상화하지 말라'는 목소리에 귀 기울이는 중입니다. 그리고 드디어 2018년 10월 16일 연합뉴스는 성차별적

보도 원칙을 바꾸기로 결정했습니다. 남성은 나이만, 여성은 나이와 성별을 병행하는 표기 관행을 바꿉니다. 연합뉴스 편집국은 지금까지의 관례적인 표기 방식과 관련해 "여성 차별적일 뿐만 아니라 '남성이 표준'이라는 잘못된 고정 관념을 강화하는 것이란 지적이 타당한 것으로 판단했다"고 밝혀요. 오랜 싸움 끝에 작은 성과들이 생기기 시작한 거죠.

말씀드렸듯이 여성 혐오는 가랑비와도 같아서 애써 의식하려 하지 않는다면 금세 혐오에 흠뻑 젖어 버릴 수 있습니다. 사실 그 비를 피할 방법은 없어요. 하지만 젖어들지 않고 말리고 떼어낼 수 있죠. 이런 강의에서, 그리고 강의에서 만난 함께하는 사람들 사이에서 그런 움직임들을 이어갈 수 있을 거라 생각합니다. 오늘 강의는 여기에서 마치겠습니다. 감사합니다.

일상을 다르게 마주하기

청중 좋은 말씀 감사합니다. 평소에 가졌던 의문인데요, 제가 아이 둘을 키우고 있습니다. 지금 초등학교 1, 2학년이에요. 그런데 큰애가 말하기를 자꾸 여자들이 때린대요. 나쁜 말도 한답니다. 처음에는 왜 그러지? 생각했다가 정말 요즘 여자애들이 드센 게 아닐까? 그래서 우리 아들이 피해 보는 게 아닐까? 이런 식으로 불안한 마음이 들더라고요. 솔직히 그런 생각을 하는 제가 부끄러웠습니다. 그래도 큰애의 호소에 대해 부모로서 뭐라고 답을 해줘야 할 것 같은데요. 남녀를 따로 놓고 보는 교실 환경에서 아이에게 뭐라고 말해야 할까요?

김홍미리 어렵네요. (웃음) 학교의 기능 자체가 근대적 시민 양성이잖아요. 이성에 기반한 경쟁력 있는 시민 양성이 목적일 때, 어쩌면 학교는 새로운 상상력이 숨 쉬는 곳이 아니라 안전한 과거의 것들을 질문 없이 재생산하는 공간이 되기 쉽습니다. 아이들은 궁금한 게 많은데 학교는 묻지 말라고 하죠. 우리 모두가 공감하는 소위 한국의 신자유주의화된 '교육 문제'인 거죠. 하지만 늘 그래왔듯이 그 안에서 열심히 분투하는 분들이 있습니다. 남녀를 전형적인 성역할 이분법으로 분리하지 않으려는 시도가 없지 않아요.

문제는 이것이 선생님 한 분의 노력으로 해결될 일이 아니라는 거겠죠.

아무리 학교 내에서 성별을 가르는 교육이 계속된다고 해도 학교 밖에서 그 경계를 유연하게 만든다면 아이의 고통을 조금은 해소를 시켜줄 수 있을 거예요. 학교 운영위원회나 여타 참여 통로를 통해 이런저런 제안을 하는 것도 좋습니다. 아이들 모둠을 짤 때 '안경 낀 사람과 아닌 사람', '파란 옷을 입은 사람과 초록색 옷을 입은 사람' 등 성별이 기준이 아닌 다양한 방법들을 제안할 수 있어요.

그리고 또 한 가지. 여자아이들이 드세다는 인식의 배경과 기원을 생각해보면 좋겠습니다. 저는 2005년 호주제 폐지 이후 한국 사회에 성평등이 이미 왔다는 허위의 신념이 만들어졌다고 보고 있습니다. 1997년 IMF 경제 위기와 1999년 군 가산점 위헌 판결, 1994, 1997 성폭력 특별법, 가정폭력 방지법 제정과 2004년 성매매 특별법 제정, 2005년 호주제 폐지에 이르는 일련의 제도적 성과물들이 성평등이 이미 도래했다는 허위의 신념으로 이어졌다는 거죠. 성평등한 시대로 이동하는 출발선에 겨우 섰던 그때, 댄 킨들런 교수의 『알파걸』2007.2이 한국 사회를 강타합니다. 그에 질세라 레너드 삭스 교수의 『알파걸들에게 주눅 든 내 아들을 지켜라-자신감 없고 의욕도 없는 우리 아들 '기 살리기' 프로젝트』2008.3가 발간됩니다. 이 둘은 아동 양육서로 각광받았죠.

알파걸은 미국에서는 있었는지 몰라도 2007년 한국에서는 나타나지 않았었죠. 알파걸이라는 단어만 있던 시절에 사람들은 벌써부터 기에 눌릴(수도 있을) 남아들을 걱정하기 시작했던 거예요. 이러한 거짓 우려는, 당시 한국 사회에서 남성이 여성보다 늘 우위에 있어야 한다는 신념이 전혀 흔들리지 않았다는 것을 반증합니다.

무엇이든 잘하는 여자아이들에게 주눅 든 아들을 지켜내야 한다는 신념이, 호주제 폐지와 동시에 만들어진 것은 우연이 아니고, 알파걸로 불리던 이들과 알파걸에게 주눅 들었다고 여겨졌던 이들이 2015년 젠더 전쟁의 이름으로 격돌하는 것 또한 우연이 아닐 겁니다. 한쪽은 성평등한 사회라고 믿고 자랐으나 배신당했고, 다른 한쪽은 성평등한 사회라고 믿고 자랐으니 '여자들이 대체 왜 저러는지' 이해를 할 수 없는 거죠. 요컨대 성평등이 왔다는 허위의 신념이 만들어낸 결과치가 아닐까 합니다.

저는 말씀하신 사례를 남자아이와 여자아이의 문제로 보기보다는 조금 다른 관점에서 보아야 하지 않나 생각해요. 문제는 이게 젠더 권력 관계의 문제로 봐야 하는가, 인데 그렇게 보이지는 않습니다. 우선 여학생에 의한 남학생에 대한 폭력은 보고되지 않고 있어요. 남학생에 의한 여학생에 대한 성희롱, 놀림, 괴롭힘 등은 보고되고 있지만요. 그러면 이 문제는 아직 발견되지 않은 젠더 권력 관계 문제이거나 아니면 다른 원인에 기인하는 문제인데, 저는 후자에 가깝지 않나 생각이 듭니다. 이를테면 성장 속도의 차이 같은 거죠. 특히 초등학교 시절에 여자 아이들이 남자아이들보다 성장이 빠르고 어른스러운 경우가 많아요. 그러면 아직 자신보다 어려 보이고 동생 같은 남자아이들을 약자로 무시하는 일이 나타날 수 있습니다.

그래서 아이에게 공감을 표할 때 "여학생이 너를 괴롭히는구나"가 아니라 "힘세다고 함부로 폭력을 쓰는구나"라고 해주셔야 합니다. 성별을 표시하지 않고도 문제를 이해시킬 수 있습니다. 오히려 그것이 더 본질에 가까워요. 왜냐하면 '드센 여자아이들'의 유효 기간은 길어 봤자 초등학교까지예요. 중·고등학교는 초등학교와는 전혀 다른 젠더 문법, 즉 낙후된 어른들의 젠더 질서에 접근하기 시작하니까요.

마지막으로, 학교는 한 사회에서 가장 폐쇄적인 기구 중 하나입니다. 지독하게 성별적이고 그것을 인식하지 못한 채 차별적이죠. 그런 의미에서 스쿨 미투에도 관심을 가져주시기를 바랍니다. 스쿨 미투는 학교의 모순을 적나라하게 보여주는 사건입니다. 학교가 무엇을 재생산하고 있는지, 여성을 어떻게 대하는지를 보여주지요. 다만, 소위 '어린' 학생들이 내는 목소리라 잘 안 들려요. 미성년을 성년과 구별 짓는 사회이기에 '미숙한' 이들로 규정된 어린 학생들의 목소리를 귀담아 듣지 않고 잘 듣지 않으니 대답하지도 않고 있습니다. 이때 연대의 목소리를 내주시면 우리가 학창 시절

보고도 망각한 그 문제를 이제라도 해결할 수 있지 않을까요? 무엇보다도 이후에 학교에 갈 아이들이 좀 더 안전하고 인권 친화적인 환경에서 공부할 수 있지 않을까요?

청중　학교에서 교사로 일하고 있습니다. 변명 같지만 최근 학교도 나름대로 변화를 꾀하고 있습니다. 학생들 번호를 성별로 구분 짓지 않고 가나다순으로 하는 학교도 늘고 있어요. 그런데 이런 노력과 별개로 아이들의 문화라는 게 있더군요. 중학생쯤 되면 남자아이들이 덩치가 커지거든요. 그러면서 여자애들을 괴롭히는 경향이 조금씩 눈에 띕니다. 자기들끼리 무슨 년아, 무슨 년아, 하면서 여성 혐오 표현을 아무렇지도 않게 하고요. 한 사람이 시작하면 그러지 않던 아이들도 금세 전염되는 형국을 보입니다. 처음에는 그게 성격 차이라고 생각했는데, 자기들 또래 문화가 그런 건 아닐까 하는 의심이 들더군요.

요즘은 인터넷이나 텔레비전에 영향을 많이 받으니까 더 그런 것 같습니다. 여자아이들은 또 그들대로 스트레스가 심해요. 외모가 그렇죠. 예쁘고 날씬해야 한다는 강박 때문에 점심도 거르는 아이들이 많아요. 남자아이들은 그런 게 없거든요. 이런 환경 속에서 자라나는 아이들에게 어떻게 말해줘야 할지 고민입니다. 물론 수업을 통해 교육하기도 하지만, 잘 안 통해요. 혐오와 차별에 대해 이야기하면 "선생님 메갈페미니즘 인터넷 커뮤니티 '메갈리아' 이에요?" 이런 반응을 보입니다.

김홍미리　저는 오히려 그런 반응들이 반가워요. 왜냐하면 적어도 어떤 문제에 대해 무시하거나 외면하지 않는다는 뜻이거든요. 페미니즘이 이제 청소년들에게도 자기들 문제가 된 거예요. 2000년대 중후반에 대학을 다닌 후배가 당시에 대학 내에 페미니스트들이 대자보를 붙이면 학생들이 거들떠보지도 않았다고 하더라고요. 그런데 그러던 사람들이 지금은 찢기라도 한다는 거죠.

여성들이 잠잠했을 때는 성평등에 찬성하고 민주주의를 찬성하던 남성들이 어느 순간 여성들이 제 목소리를 내자 백래쉬backlash, 반격하는 태도를 보이잖아요. 여성이 '나도 인간'이라고 외쳤을 뿐인데도 그 말을 '남자는 아니라고?'라는 말로 받아치고 있죠. 여성이 인간이라는 주장은 남자는 아니라는 말이 아니잖아요? 여성도 인간이라는 말을 왜 '일부' 남성들은 부당하다 느끼고 심지어 위협으로 느끼는지, 그분들이 한번쯤 생각해 봐야 해요. 아무튼 그동안 자신과 상관없던 일이 뭔가 자기를 위협하는 일로 느껴지면서 본인도 모르게 특권을 유지하겠다는 본심을 드러내는 장면들을 자주 봅니다. 그리고 바로 그 장면에서 여성들도 알게 되는 겁니다. 아, 겉으로는 페미니즘에 찬성하는 척하던 사람들이 사실은 저렇게 생각하고 있었구나, 하면서요. 소라넷 폐쇄를 외칠 때 소라넷은 '성인의 볼 권리'라고 외치던 남성들을 보면서, 강남역 여성 살해 사건

이후 여성 살해를 멈추라 외치는 여성들에 대한 남성 집단의 신상 털이와 모욕, 신변 위협을 보면서, 이 문제가 어떤 문제였는지 싸움의 지도가 드러나기 시작했던 거죠. 지형이 보이면 싸울 수도 있고, 설득을 할 수도 있어요. 그래서 우리가 백래쉬를 반갑게 맞이하는 게 중요해요. 아까 말씀하신 또래 문화가, 이미 낙후된 남자들의 세계를 복습하고 있는 경향이 있기는 하지만, 그걸 스스로 깨달을 수 있는 기회가 왔다는 점에서 긍정적입니다. 숨어 있던 모순이 명료하게 드러나는 거예요.

아이들에게 자신들이 속한 세계가 어떻게 바뀌고 있는지, 어떤 세계로 이동 중인지를 설명해 주어야 합니다. 그런 시간들이 저희한테 남아 있다고 생각해요. 그만큼 우리가 해야 되는 몫이 있는 거죠.

학생들은 이미 스쿨 미투로 자기 목소리를 내기 시작했잖아요. 기성세대들은 지금은 학부모나 교사이지만 한때는 학생이었잖아요. 그게 무엇이었는지 우리는 이미 알고 있습니다. 여전히 해결되지 않은 채 확대 재생산되어 온 문제를 더 이상 외면할 수 없어요. 관심을 가지고 함께 나서 주셨으면 합니다.

4강

혐오 표현,
어떻게 대응할까?

박미숙

한국형사정책연구원 선임연구위원

박미숙

법학을 전공했고 국가인권위원회 자유권 전문위원회 검·경·군 분과 전문위원으로 활동
했다. 현재 한국형사정책연구원에 선임연구위원으로 재직 중이다. 저서로 『혐오 표현의
실태와 대응방안』^{공저} 등이 있다.

혐오 표현, 어떻게 대응할까?

안녕하세요. 한국형사정책연구원에서 일하는 박미숙입니다. 오늘 주제가 '혐오 표현'인데요. 이 혐오 표현과 관련한 문제들을 제가 연구하고 있는 형사정책적 관점에서 풀어보려고 합니다. 앞서 있었던 정치 및 종교적 관점에서의 혐오 표현, 차별로서의 혐오 표현 그리고 성별에 기반한 혐오 표현 등의 문제 접근과 비교하면서 편안한 마음으로 들어주시면 될 듯합니다.*

저는 개인적으로는 수사 기관에서의 인권 문제와 형사 절차에서 범죄 혐의를 받는 피의자·피고인들이 받는 처우 그리고 그들의 인권 문제에 지속적으로 관심을 가져왔어요. 나아가 2000년대에 한국 학계에서도 범죄 피해자에 대한 관심이 폭발적으로 증가하면서

---

* 이 강연은 『혐오 표현의 실태와 대응방안』(한국형사정책연구원 연구총서 17-AA-03, 글 박미숙, 추지현)을 참고했습니다.

이론적 측면에서 피해자의 피해 회복에도 관심을 갖기 시작했고, 형사 절차에서 피해자의 권리 보장에 대하여도 몇몇 연구를 하기도 했습니다.

오늘 인권에 관심이 많은 여러분들과 더불어 이런 자리를 갖게 된 것이 개인적으로 무척 뜻깊습니다. 이 자리에서 혐오 표현이 무엇인지 어떤 형태의 표현인지, 어떻게 대응해야 할 것인지 이런저런 문제의식을 여러분과 함께 나누어볼까 합니다.

혐오의 실상

여러분도 '혐오'는 매우 익숙한 단어지요? 먼저 일상에서 어떤 혐오 표현을 들었는지 함께 이야기를 나눠볼 거고요. 그다음에는 온라인상에서 벌어지는 혐오 논란을 다룰 예정입니다. 여러분은 어떤 혐오 표현을 들어보셨나요? (청중: "이태원에서 지나가는 외국인에게 더럽다, 냄새난다고 말하는 걸 들었어요.") 그렇군요. 또요? (청중: "인터넷 댓글에 보면 '쓰레기', '극혐' 이런 표현들이 많아요.") 네, 요즘은 댓글이 아주 살벌하지요. 앞서 말씀하신 외국인에 대한 혐오는 꽤 오래된 것 같습니다. 우리 대부분은 교육을 받기 시작하면서 '배달의 민족', '단일 민족'이라는 용어를 지속적으로 광범위하게 거의 세뇌 수준으로 들어왔고, 우리는 이러한 말들이 거의 진실이라는 믿음 속에서 살아온 것 같아요. 이러다 보니 나름 이민족에 대한 반감이랄까 이러한 부정적 정서가 우리 인식 속에 깊이 자리잡고 있어요. 특히 유색 인종일 경우 그 강도가 더 합니다. 다행스럽게도, 교육 덕분인지 사람들은 기본적으로 인종 차별이 옳지 않다는 것은 알고 있어요. 그래서 아직은 외국인을 대상으로 한 범죄 수준의 혐오 표현이 공공연하지는 않은 듯합니다. 반면에 인터넷상에서 벌어지는 혐오 표현들은 빠르게 확산되면서 심각한 수준이고 그 파급력도 엄청난 것 같아요. 신문 기사 하나에도 무수히 많은 혐오적 내용의 댓글이 달릴 정도예요. 혐오 표현의 주된 대상은 외국인에게만 한정하는 것은 아니고, 주로 사회적 소수자나 약자를 향하고 있어요. 여성이나 장애인, 성 소수자 등이 대표적인 타깃이 되고 있습니다. 개인을 향하기도 하지만 때로는 특정 지역이나 집단을 대상으로 하기도 해요. 정치적 성향도 혐오의 대상을 가름하는 요인이 됩니다. 지금 제가 드리는 말씀은 인터넷, SNS에 잠깐이라도 접속하면 금방 이해하실 수 있어요. 너무 흔해서 마치 그게 문제가 아닌 듯 보일 정도입니다.

이제, 우리나라에서 혐오 표현이라는 말이 언제 등장했는지 우선 살펴보기로 해요. 여성에 대한 혐오 표현이 사회적으로 이슈화된 것은 2016년 5월의 일명 강남역 살인 사건이 아닐까 싶어요. 물론 그 이전에도 없었던 건 아닙니다. 2010년대에 들어오면서부터 인터넷 게시판과 커뮤니티_{일베나 디시인사이드} 등를 중심으로 여성, 외국인 노동자 그리고 이주 여성 등에 대해서 부정적인 감정들이 표출되기 시작해요. 그러나 그때는 자기들도 몰랐어요, 이게 뭔지를. 그냥 욕이다, 분노 표출이다, 하면서 넘어갔죠. 당시 그런 표현들을 'hate speech'라고도 불렀는데, 합의되거나 통일된 개념은 아니었어요. 더불어 증오 범죄니 혐오 범죄니 등의 용어가 언론에 오르내리게 됩니다.

증오 범죄 하면 흔히 나치의 인종 차별 같은 걸 떠올리는데요. 우리나라에서는 사회적 약자에 대한 '묻지 마' 범죄 등의 의미와 섞여 사용하기도 해요. 증오적 표현, 적대적 표현이라는 말도 쓰입니다. 그러다가 '혐오'라는 말이 최근 1, 2년 사이에 급속도로 퍼지죠. 사회적으로 합의된 용어는 아니지만 일반화되어서 쓰입니다. 이제 우리는 무엇이 '혐오'인지 알아요. '싫어하고 미워하는 것'이에요. 그런데 단순히 국어사전적 의미로서는 왜 문제가 되는지 이해되지 않아요.

좀 더 구체적인 정의를 내려야겠죠? 우리가 오늘 이 자리에서 문제 삼는 대상으로서 혐오는 다음과 같이 규정할 수 있습니다.

"특정 개인이나 집단에 대하여 인종이나 민족, 국적, 성별, 연령 등을 이유로 한 차별적 행위로서, 폭행, 상해, 손괴 등 물리적 폭력에 이르지 않는 언어나 도화, 그림, 영상, 제스처 등 유·무언의 표현"

앞의 폭행, 상해, 손괴는 명백하게 소위 법에 규정한 행위 내용으로 금지되는 행위입니다. 개별적인 행위로서 규제 대상이 된다는 말이죠. 즉 형법이 적용되며, 처벌 대상이 됩니다. 그런데 금지가 분명한 행위까지는 나아가지 않은, 미워하고 싫어하는 것이 왜 문제가 될까요?

우리나라 형법은 표현의 자유를 분명하게 인정하고 있습니다^{헌법 제21조 제1항}. 따라서 미워하고 싫어서 내가 내 감정을 드러내는 데 뭐가 문제야? 하고 생각할 수 있습니다. 이 문제는 생각보다 쉽지가 않아요. 어디까지가 표현의 자유이고 어디까지가 문제 되는 혐오 표현인지 명확하게 나누기가 어렵습니다.

혐오의 감정을 자기 머릿속에 담아둘 때 일기에 적을 때, 친한 친구에게 말할 때는 문제 될 게 없습니다. 문제는 이것이 집단적으로 발현될 때 발생합니다. 개인의 혐오 표현이 한 집단을 선동하는 역할을 할 수 있습니다. 그러면 어떻게 되느냐, 집단적 광기로 쌓여 혐오로 변해요. 타인을 자극하거나 선동함으로써 폭력 행위로 나아갈 여지를 주는 거죠. 그럼 이어서 혐오 표현의 실상을 알아볼까요?

혐오 표현의 발생 실태

2016년 기준으로 여성을 대상으로 한 혐오 표현이 압도적으로 많아요. 제가 반려 동물을 기르는데 디시인사이드[인터넷 커뮤니티]에서 정보를 많이 얻기도 했어요. 사이트에 들어가 거기 올라와 있는 글

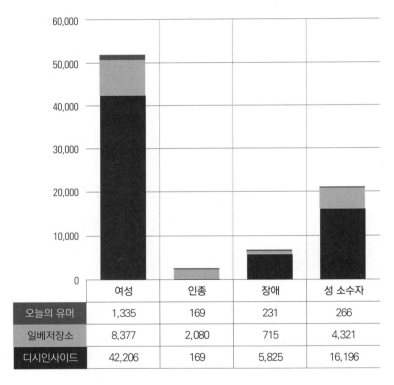

	여성	인종	장애	성 소수자
오늘의 유머	1,335	169	231	266
일베저장소	8,377	2,080	715	4,321
디시인사이드	42,206	169	5,825	16,196

*2016년 기준 1년간 온라인 상의 여성, 인종, 장애, 성 소수자에 대한 혐오 표현 게시물(커뮤니티 게시판별 분류) 81,890건의 분포 양상.
*출처: 『혐오 표현의 실태와 대응방안』(한국형사정책연구원 연구총서 17-AA-03, 글 박미숙, 추지현)

을 읽으면서 깜짝 놀랐어요. 여성을 대상으로 한 혐오 글이 엄청나게 많은 것을 보고 심각성을 새삼 깨달았습니다. 다음으로 성 소수자, 장애인, 인종 순으로 혐오 표현이 많습니다. 어떤 표현들이 있는지 구체적으로 살펴보죠.

먼저 여성 혐오 표현부터 볼까요. 여성의 외모, 특히 비만이나 성형 등의 행태를 비하하거나, 여성을 '걸레', '보슬아치', '정액받이' 등의 성기와 관련지어 표현하는 것이 있었습니다. '김 여사'와 같이 무능함을 강조하는 표현 등도 눈에 띄었고요. 특히 외모 글은 거의 '묻지 마' 수준입니다. 누구 한 사람이 연예인 누구의 외모에 대해 글을 적으면 금세 호응하는 댓글이 주르륵 달립니다. 대부분 욕이죠. 장애인에 대한 혐오 표현도 그 대상이 여자일 때 훨씬 많습니다. 강도도 세고요.

두 번째는 성적 지향에 대한 혐오 표현입니다. 남성과 여성 간의 성적 결합은 자연스럽지만 동성애는 혐오의 대상이 됩니다. 전통적인 성적 체계를 중요하게 생각하고 또 지배적인 남성상을 강조하면서 성적 소수자를 비하하는 그런 발언들이 많아지고 이게 자극이 되어 혐오를 불러일으키게 돼요. 혐오가 선동되거나 조장되고 있음을 알 수 있어요. 이성애 중심의 젠더 규범이 성 소수자에 대한 혐오를 불러온 거예요. 게이나 레즈비언 등 성 소수자[LGBT]에게 사람들은 '더럽다', '무섭다' 등의 반응을 보이기도 합니다. 이게 과학적 근거가 있는 것인지 생물학적 사회학적 배경이나 이유를 알려고 하지도 않습니다. 단지 이해되지 않는다는 이유로, 어쩌면 '무지'로 인해 혐오하거나 부정합니다.

세 번째, 인종이나 민족의 경우는 경제적 지위와 연관이 큽니다. 우리나라보다 경제적으로 뒤떨어졌다고 생각되는 나라에서 온 사람들이 차별받는 경우가 많아요. 여기에 백인 중심적인 사고가 더해져서, 유색 인종들은 학력도 낮고, 돈도 없을 거라는 선입견을 조장합니다. 그래서 노동 지위가 낮은 외국인, 이주자일수록 혐오 표현 경험이 많아요. 출신 국가 자체에 대하여 비하하는 정도를 넘어, 쉽게 일해서 큰돈을 벌어간다고 생각합니다. 이렇듯 노동 가치를 다르게 평가하는 잘못된 사고를 보여주는 경우도 다수 있어요. 여기에는 이방인에 대한 불안 심리도 작용합니다. 이주자나 외국인이 우리 일자리를 빼앗아 가는 위협적인 존재로 인식돼요. 일자리에 대한 불만이 이들에게 표출됩니다. 물론 여기에도 근거 없는 혐오 표현이 난무합니다. 예를 들어 예멘 난민들이 제주도에 도착했을 때 이슬람인들이 성폭행을 많이 한다더라, 하는 말들이 일반인들 사이에 마치 진실처럼 퍼지기도 했어요. 물론 이슬람 사회에 여성 차별이 있다는 점은 인정할 수도 있겠지만, 당장 먹고살기 힘든 난민 신분의 그들이 성폭행을 저지른다? 과연 그럴까요?

또 예전에 정치권에서, 이슬람 국가에서 금융 상품으로 발행하는 채권인 수쿠크Sukuk를 제도로 수용하고자 하는 움직임이 있었습니다. 이 과정에서 이슬람에 대한 두려움과 불안감이 표출되면서 일부 종교계를 중심으로 한 엄청난 저항에 부딪힌 일이 있었어요. 복잡한 내막을 알 길은 없지만, 그 과정과 결과의 옳고 그름을 떠나서 당시 그 자금이 테러리스트 활동과 관련 있다거나, 이슬람 포교를 목적으로 한다는 등의 소문이 확산되면서 일반 국민도 불안에 떨었던 기억이 떠올라요. 종교계 일각에서는 우리나라가 이슬람에 정복당할지도 모른다고 해요. 심지어 이슬람 국가에서 우리나라에 이민을 보내서 자식들을 많이 낳아 한국 사회를 지배하려한다는 이야기까지 해요.

한 사회의 엘리트로 분류되는 사람들이 어떻게 저런 황당하고도 검증되지 않은 믿음을 가질 수 있었을까요. 저는 정말 궁금했습니다. 이성적으로는 설명이 안 되잖아요. 종교적 믿음은 때로는 말도 안 되는 혐오 발언을 만들어요. 종교적 신념이 사회를 불안에 떨게 할 정도의 파급력을 가지기도 한다는 것을 보여주는 사례입니다.

특히 우리가 너무 오랫동안 단일 민족 신화에 길들여 있었던 것은 아닌가 하는 근본적인 의문이 들어요. 한국인만이 가지는 배타성이 있잖아요. 이는 가진 자나 못 가진 자나 덜 배운 사람이나 배운 사람이나 별로 차이가 없어 보여요. 피부색에 따라 대하는 태도가 달라집니다.

최근에는 조선족이나 탈북자에 대한 혐오도 증가하고 있지요. 영화에서 그들이 어떻게 그려집니까? 이들은 주로 조직 폭력배나 잔인한 폭력을 일삼는 사람들로 묘사됩니다. 이분들은 이미 우리 사회에서 자리를 잡아 사회 각 분야에서 일하고 있습니다. 그런데 이런 식으로 배타적인 낙인을 찍는 것은 우리 자신에게도 도움이 안 돼요.

이들은 식당에서 일하는 분, 베이비시터나 가사 도우미 등 우리가 일상적으로 만나는 사람들이잖아요. 이들을 낙인찍으면 우리 스스로 얼마나 불안하겠어요. 그럼에도 인터넷 커뮤니티 등에 자꾸 분노를 조장하고 선동하는 글들이 올라와요. 나중에 폭력적인 행위로 발전할 수도 있을 겁니다. 그러지 않을 거라고 누가 장담할 수 있을까요?

지금, 이주자들이 사는 일부 도시나 지역에 대한 선입견이 생겼잖아요. 그쪽 치안을 맡고 있는 경찰관들의 얘기를 들어보면 일부에서 우려하듯이 특별히 범죄율이 높은 것도, 강력 사건이 특히 많이 일어나는 것도 아닙니다. 외국인이 많이 살다 보니 다른 지역보다 외국인 범죄가 많은 수준인 거죠. 그럼에도 외국인 노동자들 때문에 밤에 길을 못 다닌다는 식으로 얘기해요. 외국인 노동자는 물론 지역 주민들 입장에서 얼마나 억울하겠어요.

네 번째로 장애인 혐오에 대해 말씀드리겠습니다. 장애인이 경험한 혐오와 차별은 크게 두 가지 유형이 있습니다. 하나는 장애인의 주체적인 행위 능력이나 의사를 부정하고 동정하는 것이에요. 평범한 우리의 인식 속에 장애인은 불쌍한 사람입니다. 우리가 도와줘야 해요. 이러한 인식은 그 자체로 나쁜 것은 아닙니다. 그러나 이러한 편견이 장애인을 온전한 인격체가 아닌 우리와 다른 존재로 만들 위험이 있어요. 제가 인터뷰한 어떤 학생은 어릴 때부터 휠체어를 타고 다녔는데 동네 사람들이 그를 가리키면서 "부모가 전생에 죄를 많이 지어서 저런 아이가 태어났다"고 말하더래요. 이 학생은 그 순간을 평생 잊을 수 없을 거라고 말합니다. 측은한 마음에서 비롯한 말이지만, 누군가에게는 씻을 수 없는 죄책감으로 남아요.

다른 하나는 장애라는 특수성을 무시하고 이를 부정하는 경우입니다. 일반인에게는 문제가 되지 않지만, 장애인에게는 어렵거나 불가능한 일을 하지 못한다며 비난해요. 지적 장애인에게 계산을 똑바로 하지 못한다고 비난해요. 장애에 대한 이해가 전혀 없는 사례입니다.

앞서 설명한 두 가지 경우 이외에도 장애인은 특별한 이유 없이 그냥 혐오의 대상이 되어버리기도 합니다. 장애인이라는 사실 자체가 혐오인 거예요. 학교에서 왕따 제1 순위가 장애인이라고 하잖아요. 말을 못 하면 벙어리, 눈이 안 보이면 장님, 못 들으면 귀머거리, 몸이 불편하면 병신이 됩니다. 그리고 이런 호칭은 그 자체로 혐오의 의미를 담고 있어요.

이러한 소위 묻지 마 혐오는 인터넷 게시판에도 잘 드러나요. 장애에 대한 잘못된 편견을 조장하는 기사가 등장했을 때 누군가 이를 비판합니다. 그럼 거기에 또 댓글이 달리죠. 그 과정에서 기사에

장애인이라는 사실 자체가 혐오인 거예요. 학교에서 왕따 제1 순위가 장애인이라고 하잖아요. 말을 못 하면 벙어리, 눈이 안 보이면 장님, 잘 못 들으면 귀머거리, 몸이 불편하면 병신이 됩니다. 그리고 이런 호칭은 그 자체로 혐오의 의미를 담고 있어요.

대한 논쟁의 쟁점은 사라지고 의견이 다른 상대방을 비하하는 의미로 장애를 비하하는 표현이 쓰여요.

지금까지 일상에서 어떤 표현들이 쓰이는지 그 실태를 알아봤습니다. 다음으로 혐오 표현의 발생 수단에 대해 알아보겠습니다.

어디에나 있는 혐오 표현

오늘날 혐오 표현이 가장 많은 곳은 인터넷 및 SNS 같은 온라인 공간입니다. 2016년 국가인권위원회의 실태 조사 결과에서도 공식적으로 확인됐어요. 이는 몇몇 대형 커뮤니티의 문제가 아닙니다. 기사 댓글부터 시작해서 사적인 SNS 공간에 이르기까지 너무 광범위해서 그 규모를 정확히 알 수 없을 정도예요.

예를 들어 성폭력 피해를 호소하면 즉각 '꽃뱀'이라며 2차 가해가 돌아옵니다. 온갖 경멸과 폭력이 담긴 댓글들이 달려요. 여성을 비하하는 텍스트뿐만 아니라 여성의 몸을 촬영한 사진들을 공유하면서 '품평'을 나누는 행위들이 비일비재합니다. 여성을 성적 대상화한다는 점에서 명백한 혐오 표현이에요.

온라인 게임을 하면서도 혐오 표현이 발생합니다. 맥락 없이 욕을 해요. 그게 여성을 비하하는 혐오 표현일 때가 많습니다. 예를 들어 오버워치라는 게임을 하면서 아이들이 '섬박꼼'이라는 말을 쓴답니다. '섬광탄 박으면 꼼짝 못 해'라는 뜻인데, 아마 특정한 스킬을 쓰면 캐릭터가 멈춰 서서 꼼짝 못 하는 모양이에요. 그런데 이 말이 어디서 왔느냐, '자박꼼'에서 왔답니다. 대중교통 시설에서 남성 한 명이 어떤 여성에게 화를 내면서 "자지 박으면 꼼짝도 못해." 하고 소리 지르는 영상이 있는데 이게 인터넷에서 퍼지면서 그런 말이 생겼대요. 심각하죠.

하지만 인터넷 공간이 꼭 이런 장소로만 존재하는 것은 아닙니다. 온라인은 자신의 정체성에 혼란을 느끼는 성 소수자들이 모여 연대와 지지를 나누고 정보를 공유하는 장소가 되기도 해요. 문제는 '온라인' 자체가 아닙니다. 혐오 표현을 퍼뜨리는 사람들과 그들의 문화지요.

혐오 표현이 등장하는 또 다른 공간은 바로 집회 및 시위 현장입니다. 정치적 의사를 드러낸다는 명분하에 피케팅과 구호의 형태로 혐오 표현이 등장해요. 예를 들어 특정 정치인을 여성에 비유한다거나 여성을 비하하는 표현을 써서 비난합니다. 혹은 특정 집회를 반대하기 위해 쓰기도 해요. 촛불 시위 때 그랬죠. 맥락 없이 여성 비하 표현이 구호로 사용되면서 논란이 있었습니다. '병신년' 같은 원색적인 표현을 비롯해서 "언니야, 뽕 빼고 빵 가자." 같은 표현들이 풍자라는 이름으로 옹호되었지요. 그러자 내부에서 성찰의 목소리가 나옵니다. 평화와 평등을 기치로 내건 사회 운동 단체들조차도 젠더, 장애, 성적 지향 등에 대한 평등과 인권 감수성이 부족했던 건 아닌가 하고요.

그리고 또 하나, 부당함에 대한 저항, 평등과 인권 보호의 필요성을 주장하는 집회 시위 현장에서도 이를 반대하는 집단에 의해 혐오 표현이 등장합니다. 예를 들어 여성 인권을 보호하자는 페미니스트 시위 현장에는 이를 못마땅해하는 남성들의 여성 혐오 표현이 난무하는 식이에요. 퀴어 축제를 한번 보세요. 종교 단체부터 시작해서 동성애를 반대하는 사람들이 다양한 혐오 표현으로 이들을 비난합니다.

집회나 시위 현장에서 수반되는 구호, 이들이 행진하며 하는 말들이나 피케팅만 그런 게 아니에요. 일정한 장소에서 지속적으로 공연, 전시되는 현수막이나 대자보에도 혐오 표현을 드러내요. 자신의 마음에 들지 않는다며 발기발기 찢고 거기에 온갖 혐오 표현을 씁니다.

이 밖에도 전광판, 판촉물 등도 혐오 표현을 퍼뜨리는 매개체가 됩니다. 길에서 교회 판촉물로 나눠주는 휴대용 화장지 포장에 이런 글귀가 적혀 있어요. "동성애는 죄악이고, 신께서 허락하지 않는 일", "그들을 교화시켜야 한다." 이때의 판촉물은 동성애에 대한 혐오를 퍼뜨리는 매체가 됩니다.

마지막으로는 광고, 영화, 방송 등 미디어예요. 지금까지 말씀드린 것 중에서 가장 영향력이 클 겁니다. 대부분 사람들이 미디어를 통해 일상적인 차별과 혐오를 경험합니다. 텔레비전 개그 프로그

램이 대표적이죠. 뚱뚱한 사람, 못생긴 사람, 여성이 비웃음의 대상
이 됩니다. 드라마나 광고에서는 왜곡된 남성성, 여성성을 퍼뜨리
고요. 너무 많아서 일일이 설명하기 힘들 정도입니다. 요즘은 예능
프로그램에서도 불편한 웃음이 자주 등장하더군요.

영화도 파급력이 큽니다. 앞서 말씀드렸듯이 조선족 교포를 잔
인한 범죄 집단으로 묘사하는 게 한때 유행이었던 적도 있습니다.

누가 혐오를 말하는가

다음으로 말씀드릴 것은 혐오 표현의 발화자입니다. 누가 이런
혐오 표현을 쓰느냐 하는 문제예요. 혐오 표현의 발화자가 누구인
지에 따라 그 파급력이 달라집니다. 이는 혐오 표현에 대한 소수자
들의 대응 방식과 저항의 가능성 여부에도 영향을 미칩니다.

제가 첫 번째로 꼽은 발화자는 다름 아닌 정치인 혹은 공무원입
니다. 대표적인 게 하루가 멀다고 들려오는 정치인들의 혐오 발언
이잖아요. 어떤 정치인은 SNS 상에서 논쟁을 벌이다가 상대의 약
점을 지적하는 발언을 합니다. "눈이 삐뚤어졌는데 무엇인들 제대
로 보이겠습니까?" 해요. 한 나라의 국회의원이라는 사실이 믿기지
않을 정도로 천박한 발언이었지요. 공적 영역에 있는 사람이 대놓
고 장애를 비하한 겁니다. 상대방의 한쪽 눈이 의안이었거든요.

공무원은 또 어떻습니까? 사례 인터뷰에서 어떤 분이 말씀하시길 경미한 접촉 사고로 경찰서에 조사를 받으러 오게 된 한 외국인에게 경찰이 '중죄인' 취급을 하면서 "한국에서 빌붙어 사는 주제에 이따위 범법 행위를 하고"라며 소리치는 것을 보았다고 해요.

보통 시민들에게 깍듯하던 공무원이 유색 인종 외국인 앞에서 태도가 돌변하면서 혐오 발언을 하는 경우입니다. 차별과 혐오를 막고자 솔선수범해야 하는 국가 기관과 공무원이 이런 식이라면 정말 곤란하겠지요.

두 번째로 말씀드릴 사람들은 교수, 목사, 의사 등 전문직 종사자입니다. 왜 하필 이 사람들일까요? 일반적으로 이 직종의 사람들은 높은 윤리와 공공 서비스 정신이 강조됩니다. 많은 사람들이 이들에게 기대하는 바가 있잖아요. 이들은 사회적 관계에서 권위를 인정받는 존재예요. 바로 그렇기 때문에 이들이 혐오 표현을 하면 제대로 항의를 못 합니다. 권력관계에서 상위에 있기 때문이에요. 조교가 교수의 혐오 표현을 지적할 수 있나요? 신도는요, 환자는 또 어떻습니까? 그런데 현실에서는 아쉽게도 바로 그런 이유로, 즉 권력을 갖고 있다는 이유로 함부로 혐오 표현을 하는 경우가 많아요.

예를 들어 종교 단체에서 성직자들이 설교나 법회를 하는 과정에서 대놓고 성 소수자를 혐오하는 말들을 해요. 정말 듣기 거북합니다. 하느님의 말씀을 전한다는 성직자의 입에서 어떻게 저런 말이 쏟아져 나올까 의아하기만 합니다. 어쩌면 그런 권위를 빌어서 더 심한 혐오 발언을 양산하는 건 아닐까 싶어요. 국가 기관도 마찬가지지만 권위와 권력을 가진 사람들이 모범을 보여야 해요.

세 번째는 군대, 학교 등 집단 문화와 또래 집단 문화라는 게 있습니다.

모여 있으면 용감해집니다. 나만 그런 게 아니라는 생각 때문에 집단적으로 선동되면서 적대적이고도 차별적인 말을 해요. 그게 혐오 표현인지도 잘못인지도 모릅니다. 청소년 문화에서는 성차별이 일종의 놀이나 문화처럼 간주되고 있습니다.

예를 들어 선생님이 복도를 지나다 교실에서 흘러나오는 혐오 발언을 지적했다고 할게요. 선생님께 한소리 들었다고 이 아이들이 표현을 멈출까요? 쉽게 바뀌지 않습니다. 지속적인 교육이 필요해요.

문화라는 게 나도 모르게 스며들잖아요. 요즘 청소년들이 줄임말을 많이 씁니다. 이걸 모르면 어울리기가 힘들어요. 저처럼 나이가 있는 사람들은 젊은 친구하고 소통하려면 노력이 필요합니다. 최신 유행을 쫓아가지 못하면 '노땅' 취급을 받으면서 대화에서 소외되기 일쑤예요. 그래서 거리감을 느끼게 됩니다. 같은 세대 내에서 이런 문화는 강력한 힘을 발휘합니다. 누군가 여성 혐오 발언을 하는데 그게 최근에 생긴 유행어예요. 나만 모르면 이상하잖아요. 그래서 자연스럽게 혐오 표현을 따라하게 됩니다. 이런 식으로 공유하면서 퍼지는 거예요.

네 번째 혐오 표현 발화자로 넘어갈까요? 바로 가족입니다.

우리는 보통 가장 가까운 사람에게 상처를 많이 받잖아요? 혐오 표현이 하나의 원인입니다. 부모 자식 간에 형제간에도 혐오 표현이 나오죠. 이건 무척이나 견디기가 힘듭니다. 내가 가장 의지하고 싶고 신뢰하는 사람이 나를 비하하고 혐오한다고 느낀다면 이는 외부에서 받는 충격보다 훨씬 크게 다가올 것입니다.

나의 존재 자체가 부정당한 거잖아요. 자존감이 떨어지고 우울과 비관이 찾아오겠죠. 쉽게 지워지지도 않아요. 평생 갈 수도 있습니다. 경우에 따라서는 극단적인 선택을 하기도 해요. 지금부터 혐오가 얼마나 큰 해악을 갖는지, 이 이야기를 좀 더 해보도록 하지요.

혐오가 우리에게 미치는 효과

혐오 표현이 우리 인간에게 어떤 영향을 미칠까요? 이걸 구체적으로 살펴보면 다음과 같아요.

첫 번째로 심리적 해악입니다. 좀 전에 말씀드렸듯이 혐오 표현은 매우 깊은 상처를 남깁니다. 심리적으로 위축되고, 자존감이 떨어져요. 예를 들어 중증 장애인 같은 경우는 집 밖으로 나갈 수가 없잖아요. 그런 와중에 가족으로부터 경멸을 당하며 비하적이며 모욕적인 발언을 들었다면 어떨까요? 심지어 표현도 잘 안 되어서 마음에 담아둘 수밖에 없다면요. 조사 결과를 보면 인터뷰한 장애인 중에는 수시로 죽고 싶다는 생각을 하는 분이 있었어요. 오죽하면 그럴까 싶었습니다.

혐오 표현은 무지에서 오는 경우가 많아요. 제가 법학을 전공했음에도 여기에 대해 법이 할 수 있는 일이 무엇인지 아직도 회의적이에요. 법적으로 금지되지 않는다고 해서 혐오 표현이 도덕적으로도 허용되는 것은 아니거든요. 여기에 대해 고민하지 않고 알려고 하지 않으면 그 경계를 알기 어렵습니다. 따라서 이건 제도적인 문제이기도 하지만 개개인의 성찰을 요구하는 문제이기도 해요.

두 번째 해악은 권리 행사의 제한과 사회적 배제입니다. 혐오는 사회적인 배제를 낳아요. 혐오의 대상을 사회 바깥으로 밀어냅니다. 나아가 구체적인 재화나 서비스 등에 대한 접근을 제한하는 것을 의도하거나 그러한 효과를 가져오는 경우도 있지요. 동성애를 옹호하는 사람에게는 대학 강의실을 빌려줄 수 없다, 또는 페미니즘 연예인은 방송 프로그램에 출연할 수 없다, 이런 일이 벌어지잖아요. 얼마 전까지만 해도 방송 예술계에 블랙리스트가 돌아다녔다고 하죠. 비슷한 사례입니다.

지난 대선 당시 대통령 후보 토론회에서 후보들이 동성애에 대한 입장을 두고 질의응답을 했었습니다. 표를 의식한 한 후보가 동성애를 반대한다는 입장을 보였어요. 그 토론을 보고 있던 성 소수자가 이렇게 말하더군요.

"그 말을 듣는 순간 억장이 무너졌어요. 어쨌든 저의 존재가 지워진 거니까요. 제 존재를 반대한다고 해서 사라질 수 있는 것도 아닌데, 어떻게 그런 말을 하는지. 국민을 대표해야 할 사람이 저렇게 말해도 되나 싶었습니다."

세 번째 해악은 사회적 불신과 혐오의 내면화예요. 지속적으로 혐오 표현에 노출되면 자신이 속한 공동체에 대해 심한 불신을 느끼게 됩니다. 자신을 인정하지 않는 집단을 어떻게 신뢰할 수 있겠어요. 그러면서 내가 힘들어도 도움을 받을 수 없다는 무력감, 절망감이 찾아옵니다.

예를 들어 어떤 여성이 직장에서 계속 외모에 대한 지적을 받아요. 화장이 그게 뭐냐, 옷이 그게 뭐냐 등. 그럼 사람이 스트레스를 받잖아요. 똑같이 시험 봐서 들어왔는데 누구는 편한 옷 입고 회사 잘 다니는데 여자라는 이유로 받지 않아도 될 스트레스를 받아요. 반박도 해보지만 잘 안 먹힙니다. 이런 상황이 반복되면 화가 납니다. 내가 이런 직장을 계속 다녀야 하나? 여기서 내가 자기실현을 할 수 있을까? 불신이 생기지요. 때로는 정말 나한테 문제가 있나? 하는 식으로 비난의 화살을 자기 자신에게 돌릴 수도 있어요. 그러다 자기혐오에 빠지게 되기도 하고요.

혐오는 당하는 사람만 심리적 상처를 받는 게 아닙니다. 발화자도 심리적으로 부정적인 변화를 맞게 돼요. 내가 어떤 인터넷 커뮤니티에 속해 있다고 가정해 보죠. 그런데 이 커뮤니티는 혐오 발언이 만연해 있어요. 나도 모르게 그쪽에 호응하고 댓글 달고 이러다보면 어느 순간 아, 이게 대세인가 싶고, 그 바깥은 전부 혐오의 대상이 됩니다. 온라인에서 생긴 선입견이 현실에서도 그대로 반영이 돼요. 어느 순간 가까운 사람들에게 혐오 표현을 쏟아내는 나를 보게 됩니다.

네 번째 해악은 차별과 폭력의 심화와 확대 재생산을 꼽을 수 있습니다. 소수자에 대한 혐오 표현은 그 자체로 폭력이지만 더 큰 폭력을 수반하기도 합니다. 처음에는 상대의 반응을 엿보다가 만만하다 싶으면 더 큰 혐오 표현을 합니다. 그러다가 말이 아닌 행동으로 옮기는 거죠. 성희롱을 일삼던 사람이 상대가 취약한 상태, 술에 취했다거나 심리적으로 약해졌을 때 성추행, 혹은 성폭력을 시도하는 경우가 그렇습니다. 폭력의 속성이 그렇습니다. 천천히 조금씩, 그러다가 노골적으로 강하게 행사하지요. 설마, 하다가 당하는 피해자들이 많습니다.

다섯 번째로 말씀드릴 것은, 혐오 표현이 범죄에 대한 두려움을 강화한다는 점입니다. 앞서 말씀드렸듯이 혐오 표현이 점점 강해지다가 결국 폭력으로 이어지기도 합니다. 혐오 표현이 모욕이나 명예 훼손 차원에 그치지 않고 손괴損壞, 물건을 망가뜨림, 폭력, 성추행 등의 또 다른 범죄로 이어지기도 해요. 그만큼, 당사자들에게는 그와 같은 상황의 발생 가능성과 위험에 대한 우려 역시 큰 것으로 보여요. 이것은 단순히 개인적 차원의 심리적 해악을 초래하는 것을 넘어 혐오에 대한 저항의 의지를 제약하는 효과를 가져옵니다. 어떤 사람이 평소 혐오성 발언을 해요. 그때까지만 해도 반박할 생각이 있어요. 그런데 어느 날부터인가 욕을 해요, 그러더니 폭력을 행사합니다. 이러면 저항하기가 어렵죠. 의지가 꺾입니다. 저 사람이 언제라도 나를 해칠 수 있다는 생각에 조마조마해요. 분노의 감정이 두려움으로 바뀝니다. 어떤 이들은 이런 속성을 잘 알고 일부러 폭력을 저지르기도 해요. 상대가 대들지 못하게끔 기를 죽이는 거죠.

여성들은 불법 촬영물에 대한 공포가 상당합니다. 처음에는 피하자, 더럽다, 하는 반응이었다가 지금은 두렵고 무서운 감정으로 바뀌었어요. 불법 촬영물이 자기와 상관없는 일이라고 생각하던 여성이 우연히 인터넷에서 자기 사진을 봐요. 그걸 찍은 게 누구인지, 언제인지, 왜 찍었는지 알 수가 없습니다. 그 아래 댓글은 더 심각해요. 얼굴 평가에 몸매 평가까지, 마치 난도질당하는 느낌입니다. 엄청난 공포가 몰려오겠죠.

자, 지금까지 혐오 표현이 우리에게 어떤 영향을 끼치는지 다양한 측면에서 살펴보았습니다. 습관적으로 쓰던 말에 이런 사회적 의미가 담겨 있다니, 조금 놀라기도 했을 거예요. 하지만 모두 사실입니다. 우리의 말은 우리가 짐작하는 것보다 훨씬 더 파급력이 큽니다.

법과 제도도 이 사실을 잘 알고 있습니다. 그래서 부족하나마 규제를 하려고 노력하고 있어요. 이어서 우리 법에서는 이러한 혐오 표현을 막고자 어떤 규정을 두고 있는지 살펴보겠습니다.

혐오 표현의 규제

지금까지 혐오 표현들이 나타나는 통로랄까, 매체에 대해 말씀을 드렸습니다. 말씀드리고 나니 꼭 우리 사회가 혐오로 얼룩진 것처럼 느껴지는군요. 꼭 그런 건 아닐 텐데 워낙에 일상에서 접하는 혐오가 많다 보니 그렇게 느껴지는지도 모릅니다. 이런 현상을 해결할 방법은 없는 걸까요?

다양한 의견이 있겠지만, 저는 첫째로 인권 의식이 높아져야 하지 않나 싶습니다. 아직까지는 우리 사회의 인권 의식이 부족하다 싶어요. 물론 과거에 비해 상당히 발전한 것도 사실입니다. 2000년대 초반만 해도 인권이라는 단어가 생소했지만 지금은 자연스럽잖아요. 다만 아직 인권이 자리 잡지 않은 상태에서 온라인 공간이 급격하게 확장된 측면도 있습니다. 그러다 보니 개인의 욕망이 익명성을 무기로 한 인터넷 공간으로 쏠리기 시작합니다. 어떻게 보면 우리의 의식이 급변하는 사회 환경을 못 따라잡고 있는 건 아닌가 하는 생각이 들어요. 지금이라도 이런 현상에 대한 진단을 정확히 하고 대응하는 것이 필요합니다. 더불어 교육도 필요하고요. 제도적 장치도 필요합니다. 프랑스의 경우는 이제 막 온라인 규제를 시작했어요. 혐오 표현을 방치하는 사이트에 벌금을 매기기도 해요. 그 옆 나라 독일은 이미 시행하고 있습니다. 유럽은 인종 차별에 특히 예민하잖아요. 그래서인지 포털 사이트의 책임과 의무를 강화하는 추세입니다. 우리도 이를 참고할 만합니다.

둘째로 법률적 대응이 가능할 것입니다. 혐오 표현과 관련하여 우리 형법에 있는 명예 훼손죄와 모욕죄로 대응하는 것도 방법입니다. 형법상 명예 훼손죄는 "공연히 사실을 적시하여 사람의 명예를 훼손한 경우에 성립하는 범죄로서, 적시 사실이 진실인가 허위인가 여부를 묻지 않고 성립하며, 반면 모욕죄는 공연히 사람을 모욕한 경우에 성립하는 범죄"입니다. 해당 조항을 볼까요?

형법 제307조(명예 훼손)

①공연히 사실을 적시하여 사람의 명예를 훼손한 자는 2년 이하의 징역이나 금고 또는 500만 원 이하의 벌금에 처한다.

②공연히 허위의 사실을 적시하여 사람의 명예를 훼손한 자는 5년 이하의 징역, 10년 이하의 자격 정지 또는 1000만 원 이하의 벌금에 처한다.

형법 제311조 (모욕)

공연히 사람을 모욕한 자는 1년 이하의 징역이나 금고 또는 200만 원 이하의 벌금에 처한다.

명예 훼손죄와 모욕죄는 사실의 적시 여부에 의하여 구별됩니다. 사실 혹은 거짓된 사실에 근거하면 명예 훼손죄, 감정이나 추상적 평가 즉 욕설이나 조롱 등이라면 모욕죄가 성립될 수 있어요.

그런데 혐오 표현에 대하여 형법상의 명예 훼손죄나 모욕죄 성립을 인정한 판례는 아직 없어요. 우리 헌법이 규정한 표현의 자유가 있기 때문입니다. 특히 모욕죄는 위헌 시비가 계속되고 있는 상황이에요.

2009년 진○○ 교수가 상대방에게 '듣보잡'이라고 했다가 모욕죄로 고소된 거 기억하세요? 이에 모욕죄에 대한 헌법소원 심판을 청구한 바 있어요. 2013년 헌법재판소는 형법상 모욕죄 규정은 합헌이며 표현의 자유를 침해하지 않는다고 판시하였습니다.

이와 달리 다른 명목으로 처벌받은 사례는 있습니다. 2009년 인도인 ○○ 씨라는 분이 성공회대학교 교수로 와 있었는데요. 밤에 버스를 타고 가다가 한 남성으로부터 인종 차별적 욕설을 듣습니다. 함께 있던 한국인 여성도 입에 담지 못할 욕을 들었어요. 참다못해 혐오 표현을 한 이 남자를 경찰서로 데려갑니다. 갔더니 처벌은커녕 ○○ 씨에게 신분증을 요구하며 반말을 찍찍해요. 결국 이분이 고소하고 상대 남성은 인종 차별적 발언이 모욕죄로 인정되어 벌금 100만 원을 선고받았어요.

2014년에는 5·18 광주민주화운동을 모욕하고 희생자의 관을 택배에 빗댄 사진을 게재한 일베 회원에 대해 모욕죄를 적용한 예도 있어요.

특히 인터넷 공간에서의 피해가 적지 않아요. 페이스북이나 트위터 등 SNS나 블로그, 인터넷 카페, 각종 홈페이지 게시판 등에 다양한 의견들이 올라옵니다. 문제는 익명성이에요. 자기를 숨기고 상대와 얼굴을 마주하지 않고 자유롭게 의견을 표현할 수 있어요. 이 때문에 걸러지지 않은 표현들이 마구 쏟아지는 등 부작용도 적지 않다는 겁니다. 여론 조사 결과를 보면 인터넷상 명예 훼손이나 모욕적 표현이 매우 심각하고 이에 대해서는 처벌 강화가 필요하다는 의견이 응답자의 80퍼센트 이상을 차지할 정도예요. 성적 비하나 경멸적인 표현들, 예컨대 "씨발 새끼", "개 같은 년", "돼지 같은 것", "된장녀" 등이 바로 모욕죄에 해당합니다.

세 번째가 국가인권위원회에 의한 규제가 있습니다. 국가인권위원회법에서는 매우 폭넓게 차별의 근거를 명시하고 있어요. 성별·종교·장애·출신 지역·출신 국가·출신 민족·인종·성적 지향 등을 공격하는 말은 혐오 표현에 해당합니다. 원칙적으로 혐오 표현은 차별 행위로 보고 있고요. 국가인권위원회는 혐오 표현에 대한 조사 및 구제 등의 사건을 다룰 권한이 있습니다. 국가인권위원회는 사법 기관은 아니에요. 다른 국가 기관에 시정 권고를 내릴 수는 있습니다. 이를 통해 혐오 표현에 대한 간접적인 규제가 가능해요.

네 번째는 방송통신 심의위원회^{약칭 방통위}의 심의 및 통신 사업자의 자율 심의를 통해 혐오 표현을 규제하는 겁니다. 이는 방송사나

페이스북이나 트위터 등 SNS나 블로그, 인터넷 카페, 각종 홈페이지 게시판 등에 다양한 의견들이 올라옵니다. 문제는 익명성이에요. 자기를 숨기고 상대와 얼굴을 마주하지 않고 자유롭게 의견을 표현할 수 있어요. 이 때문에 걸러지지 않은 표현들이 마구 쏟아지는 등 부작용도 적지 않다는 겁니다.

포털 사업자 등에게 적용될 수 있겠지요. 예를 들어 포털에 게재된 뉴스 댓글에 혐오 표현이 있다면 이를 해당 포털에 신고해서 규제할 수 있어요.

방송 쪽을 보면, 우리나라 방송법은 방송통신 심의위원회에 혐오 표현에 대한 심의 권한을 부여하고 있습니다. 해당 규정을 볼까요?

> "방송은 건전한 가정생활과 아동 및 청소년의 선도에 나쁜 영향을 끼치는 음란 · 퇴폐 또는 폭력을 조장하여서는 아니된다."(방송법 제5조 제5항)
> "방송은 국민의 윤리적 · 정서적 감정을 존중하여야 한다"(방송법 제6조 제3항 전단)
> "방송은 표준말의 보급에 이바지하여야 하며 언어 순화에 힘써야 한다." (방송법 제6조 제8항)

또한 방송법 제33조의 위임에 의하여 '방송심의에 관한 규정'이 제정되어 있어요. 방송통신 심의위원회는 여기에 위반된다고 판단되면 해당 방송에 대해 '방송통신 위원회의 설치 및 운영에 관한 법률' 제25조에 따라 제재 조치를 합니다. 잠깐 통계를 볼게요.

방송통신 심의위원회가 발간한 『2015 방송통신심의 연감』을 보면, '방송 심의에 관한 규정' 등을 위반한 1207건의 방송 프로그램과 방송 광고에 대해 과징금 3건, '주의' 이상의 법정 제재 406건, '권고', '의견 제시'와 같은 행정지도 798건을 의결합니다. 이는 2014년 제재 건수 956건보다 26.3퍼센트[251건] 증가한 수치예요.

(단위: 건, %)

구분	2015년		
	보도 교양	연예 오락	계
품위 유지	91	62	153(15.1)
윤리성	3	15	18(1.8)
충격 혐오	8	5	13(1.3)
양성평등	2	7	9(0.9)
성 표현	1	8	9(0.9)
인권 보호	5	3	8(0.8)
어린이·청소년 정서 함양	1	4	5(0.5)

* 제재 사유별 의결 현황은 '의견 제시' 이상의 의결 현황
* 동일 안건에 대한 중복 종합 적용으로 실제 심의 의결 건수의 차이가 있음
* 방송 광고 및 상품 판매 방송의 제재 사유별 현황 제외
* 해당 도표는 필요한 부분만 재편집한 것임
* 출처: 방송통신심의위원회, 『2015 방송통신심의 연감』, 2016,

전체 증가 건수 중 대부분93.2%, 234건은 보도 교양과 방송 광고 관련 내용이에요.

구체적으로 어떤 지적 사항이 있었는지 볼까요? 2015년을 기준으로 보면 연예 오락에서 양성평등이나 성적 표현 등으로 문제 된 예가 좀 있지요? 그리고 '품위 유지'와 관련해서 보면 보도 교양 쪽도 상당히 비중이 많은 걸 알 수 있어요.

여러분 방송에서 프로그램 시작하거나 끝났을 때 사과문을 게재하는 것 본 적 있지요? 그러면서 '방송통신 심의위원회의 심의 기준' 어쩌고 하는 문구가 자막으로 나옵니다. 예를 들어 모 개그 프

로그램에서 특정 대상을 비하하거나 차별하는 표현이 있다고 하면 심의를 받겠죠? 그 결과에 따라 사과문 게재 결정이 나올 수 있는 거예요. 뉴스도 그렇습니다. 잘못된 사실, 일방적인 사실을 보도했을 때 사과하고 정정 보도를 내라고 할 수 있습니다. 광고도 이러한 심의 대상이 됩니다. 혐오나 차별, 저속한 표현 등등 나름대로 이유가 있어요.

다음으로 통신 쪽을 볼게요. '정보통신망 이용촉진 및 정보보호 등에 관한 법률'약칭 정보통신망법은 혐오 표현에 대해 사이버 명예 훼손이나 모욕죄, 불법 정보로 규정합니다. 특히 인터넷상에서 명예 훼손이나 모욕죄를 불법 정보로 규제하고 있죠. 불법 정보가 확인됐을 경우 정보 통신 서비스 제공자 또는 그 관리 운영자에게 차단하도록 명령합니다. 누가요? 네, 바로 방송통신심의위원회입니다.

'방송통신위원회의 설치 및 운영에 관한 법률'은 '정보 통신 서비스 제공자 또는 게시판 관리·운영자'에게 이를 차단하도록 명할 수 있다고 규정하고 있어요. 그럼 어떤 게 '불법 정보'일까요? 그 기준은 방송통신 심의위원회의 '정보 통신에 관한 심의 규정' 제8조에 의합니다. 심의 대상 정보를 ① 도박 등 사행심 조장, 국제 평화 질서 위반, 헌정 질서 위반, 범죄 기타 법령 위반 및 사회 질서 위반 등의 불법 정보, ② 음란·선정 및 성매매 알선·유도 등의 성매매·음란 정보, ③ 폭력·잔혹·혐오 등의 유해 정보, ④ 명예 훼손, 초상권 침해 등 타인의 권리를 침해하는 내용의 권리 침해 정보 등으로 구분하여 심의하게 되어 있어요.

또 '정보통신에 관한 심의규정' 제8조 3호 바목은 "합리적인 이유 없이 성별, 종교, 장애, 연령, 사회적 신분, 인종, 지역, 직업 등에 대해 차별·비하·증오하는 내용"^{차별·비하 표현}을 혐오 표현이라고 봅니다.

구체적으로 심의 유형을 보면 다음과 같습니다.

(단위: 건, %)

구분	2015년	
	심의	시정 요구
폭력·잔혹·혐오	1,361 (41.9)	1,091 (46.8)
차별·비하	1,184 (36.4)	891 (38.2)
기타	704 (21.7)	350 (15.0)
총계	3,249 (100)	2,332 (100)

* 기타: 범죄 관련 정보, 음란·선정, 불법 식·의약품 등 포함
* 출처: 방송통신심의위원회, 2015 방송통신심의 연감, 2016.

그중 차별과 비하 심의 통계는 다음과 같고요.

심의 횟수 자체가 급증하고 있다는 사실을 알 수 있습니다. 심의 결과 문제가 있다는 쪽으로 결론이 나면 게시물을 삭제 조치하고 이용 해지, 정지, 접속 차단 등의 방법을 쓸 수 있습니다. 그런데 제가 방송통신 심의위원회 쪽 사람들과 얘기해 보면, 워낙 혐오 게시물들이 많아서 규제해도 티가 잘 안 난다고 합니다. 게다가 표현의

(단위: 건)

구분	심의	시정 요구				합계
		삭제	이용 해지	이용 정지	접속 차단	
2013	752	575	20	0	27	622
2014	861	551	2	0	170	723
2015	1,184	856	5	5	25	891
2016. 7	1,766	1,336	1	7	15	1,359
합계	4,563	3,318	28	12	237	3,595

* 위원회 공식 통계와 일부 상의할 수 있음
  이용 정지는 주로 인터넷 방송 BJ에 대해 결정된 시정 요구임
  이용 해지는 주로 댓글 작성자(작성 댓글 9,000여 개가 100% 지역 비하성 댓글 등)나 블로그(장애인
  비하 목적의 블로그 등)에 대해 결정된 시정 요구임
* 출처 : 방송통신심의위원회 제출 자료 2016. 8. 12

자유 문제와 얽혀 있어서 분쟁의 소지도 있고요. 사이버 공간에서의 혐오가 급증하는 요즘, 여기에 대처하기 위해서라도 이 부분에 대해서는 보완책이 마련되어야 하지 않을까 싶습니다.

 이상으로 우리 사회가 혐오 표현에 대응하는 방법을 법과 제도적 차원에서 한번 살펴봤는데요. 과연 이런 법과 제도가 현실에서 잘 시행되고 있을까요? 우리는 일상에서 어떤 식으로 혐오 표현에 대응할까요? 이 부분을 살펴보도록 하겠습니다.

혐오 표현에 대응하기

우리가 혐오 표현을 겪었을 때 나타나는 첫 번째 양상은 현실 수용과 대항 의지 위축이에요. 혐오 표현에 대항하기보다는 참습니다. 안타깝게도 현실에 순응하는 경우가 많아요. 혐오 표현이 가까운 관계에서 일상적으로 이루어질수록 더욱 그렇습니다. 배우자가, 가족이, 직장 동료가 하는 혐오 표현에 그 자리에서 따질 수 있는 사람이 많지 않아요. 관계를 해치지 않기 위해 참고 넘어가지요. 그러다 안 되면 어쩔 수 없이 반박할 수도 있겠지만 일단은 참습니다. 괜히 따졌다가 불이익을 받으면 어쩌나, 왕따 당하면 어쩌나 하는 걱정이 앞섭니다. 제가 만나 본 피해자들 대부분이 그랬어요. 상황을 감수하고 현실을 수용하는 경우가 많았습니다.

혐오 표현에 노출되었을 때 나타나는 두 번째 양상이 바로 차별 강화 및 권리 배제의 우려입니다. 현실을 받아들이다 못해 이젠 걱정까지 해요. 괜한 걱정이 아닙니다. 근거가 있어요. 앞서 말씀드렸듯이 혐오 표현은 물리적 폭력 피해나 위협으로 발전되거나 아우팅outing, 제삼자가 본인의 동의 없이 성적 지향이나 성별 정체성을 밝히는 행위, 실직 등의 구체적 권리 행사의 배제로 이어지기 때문입니다. 당연히 저항하기가 어렵죠. 직장에서 잘릴까 봐, 아르바이트 자리 잃을까 봐, 혐오 표현을 당하면서도 외려 걱정합니다.

그렇다고 계속 당하고만 살 수는 없잖아요? 우리가 혐오 표현에 적절하게 대항할 방법을 몇 가지 말씀드리겠습니다.

첫째는 혼자 맞서지 말고 함께 대응해야 합니다. 직장, 학교나 군대처럼 조직 내에서 발생한 혐오 표현은 이미 개인의 문제가 아닙니다. 피해자가 나 하나일 리가 없어요. 조직 차원에서 해결해야 해요. 구체적으로 말씀드리자면, 우선 혐오 표현 행위자로 하여금 자신의 행동이 가져온 결과를 이해하고 진심 어린 사과를 하게 해야 합니다.

예를 들어 학교와 같이 그 구성원이 특정되고 문제 해결을 조정할 수 있는 조직이나 절차 혹은 권위와 규범이 존재하는 곳에서는 이러한 방식의 대응을 시도할 수 있습니다. 현재 이런 식의 해결이 가장 많습니다.

여러분 혹시 '회복적 정의'Restorative Justice라는 말 들어 보셨나요? 대화를 통한 평화 회복, 갈등 해결, 이게 회복적 측면이에요. 국가 기관이 범죄자를 찾아내서, 처벌하고 형벌을 주는 것은 사법적 정의이지요.

한 공동체에서 발생하는 혐오 표현이 폭력을 선동하는 등 동기 요인으로 작용하여 상해, 폭행 등의 결과가 발생할 경우에는 범죄로 규정하여 형사 처리하면 됩니다. 범죄 행위자를 찾아서 조사하고 처벌합니다. 국가가 엄격하게 대응해요. 이게 전통적인 방식의 정의 구현, 즉 형사적 사법적 정의예요. 원인과 결과가 명확해요. 그래서 이를 두고 응보적 정의라고 이야기해요. 행위자가 그 행위의 결과를 책임지는 겁니다. 문제는 이러한 정의가 피해자를 구제하는 데는 소극적이라는 거예요. 사법적 정의의 목적은 '처벌'에 있기 때문입니다.

만약 누군가 범죄 행위로 피해를 봤어요. 다쳤습니다. 국가는 수사 기관을 통해 가해자를 색출하고 사법기관이 이를 단죄하죠. 그렇다고 해서 피해자의 상황은 달라지지 않아요. 다친 사람이 원래대로 돌아오지도 않고 죽은 사람이 살아나지도 않습니다. '응보적 정의'는 피해자가 당한 대로 가해자를 처벌하는 데 목적이 있을 뿐, 피해자에게는 관심이 없었다고 해도 과언이 아닙니다.

수사 기관이나 법원은 사건이 발생했을 때 사실 관계를 파악하고 형량을 따지는 것에 집중합니다. 국가와 가해자의 관계가 중심이에요. 공동체의 평화가 목적이라면 이런 식으로는 한계가 있어요. 가해자가 피해자에게 사과하고 화해하고, 필요하다면 피해자를 위로하는 과정이 있어야 합니다. "피해자의 아픔에 귀 기울이고 그가 손을 내밀었을 때 따뜻하게 잡아주는 것, 그 마음을 치유하는 것이 진정한 의미에서의 정의다", 요즘은 이렇듯 회복적 정의를 많이 이야기해요.

우리 사법 체제가 아직 완전하게 여기까지 오지는 못했지만, 소년법 같은 경우에는 회복적 정의 개념을 실현하고 구체화하기 위한 규정들이 이미 들어와 있어요. 학교폭력위원회도 그렇습니다. 처벌이 능사가 아니고 당사자들이 화해하고 용서하는 것이 중요하다는 취지가 있어요. 그게 일차적인 목적이잖아요. 혐오 표현도 마찬가지입니다. 국가의 처벌을 필요로 하는 범죄로 나아가기 전에, 갈등 관계를 회복하고 피해를 회복시켜 줘서 공동체 구성원들이 평화롭게 공존하도록 선제적 노력을 하는 것입니다. 이게 공동체적 정의예요.

혐오 표현이 난무하면 당연히 갈등이 생깁니다. 한쪽에서 시작하다가 공동체 전체가 분노와 적의로 가득하게 돼요. 처벌한다고 해도 피해자들 마음에 생긴 상처는 지워지지 않습니다. 이러면 어때요, 공동체가 행복할 수가 없죠.

예를 들어 직장 내 성희롱을 볼까요? 회복적 정의에서 보자면 가해자 처벌만이 능사가 아닙니다. 언제든 또 그런 사람이 나올 거고 그때마다 처벌한다고 해서 직장 전체의 성평등 의식이 나아진다고 보장할 수도 없고요. 회복적 정의 개념을 가져오면 달리 접근할 수 있습니다. 직장 내 성인지 교육을 하고, 가해자가 자신의 과오를 인정하는 동시에 재발 방지 약속, 피해자에 대한 마음 깊은 사과를 유도하는 거예요. 특히 아직 나이가 어린 청소년들은 이런 식의 방법이 효과적입니다.

제가 형사 조정을 연구하면서 여기서 말하는 '조정'에 대해 많이 고민해 보았습니다. 갈등은 어디에나 있습니다. 어떤 집단이나 갈등을 겪으니까요. 이를 해소하고 평화로 나아가는 게 바로 '조정'입니다. 그런데 대화를 통해 풀어가기가 참 어려워요. 가해자와 피해자 입장이 너무 달라요. 그런 상황에서 합의를 도출하고 당사자들이 평화로운 얼굴로 돌아가기까지 지난한 과정을 필요로 합니다. 잘 안 되는 경우도 많고요. 하지만 노력하다 보면 상황이 나아집니다.

조금 다른 사례이긴 하지만 국가에서 장애인 보호 시설이나 교정 시설, 화장터 등을 지으려고 하면 그 지역 사람들이 강하게 반발하잖아요. 혐오 표현은 물론이고 물리적 충돌이 빚어집니다. 이럴 때 법적으로 문제가 없다고 강행하거나 일방적으로 취소 결정을 내리는 건 크게 보았을 때 공동체의 발전에 도움이 안 되죠. 방법은 있습니다. 청문회나 공청회를 열어서 시민들의 의견을 수렴하고 그분들께 설명하는 거예요. 처음에는 어렵겠지만, 계속 하다 보면 신뢰가 쌓이고 오해가 풀릴 수 있을 거라고 봐요. 자, 그래서 처벌만이 능사가 아니다. 혐오 표현의 피해자를 돕고 공동체의 갈등을 풀려면 회복적 정의가 필요합니다.

혐오 표현에 대응하는 두 번째 방법은 경험의 공유와 발화, 상호 지지입니다. 서로 북돋는 거예요. 용기를 주고 함께 문제를 해결해 나갈 수 있도록 지지합니다.

혐오 표현에 직면한 사회적 약자 내지 소수자들은 고립되기가 쉬워요. 혼자 고민하다가 포기하거나 더 나쁜 선택을 합니다. 주변에 도움을 청하기 어렵기 때문이에요. 고립감과 사회적 불신을 경험한 상태이기 때문에 외부에 손을 내밀기가 쉽지도 않습니다. 그런 의미에서 문제의식을 공유하고 함께 해결책을 모색하려는 시도는 매우 중요합니다. 공감 자체가 피해자들에게 힘을 줄 수 있어요. "너도 그랬니?, 나도 그랬어." 이런 대화로 피해자 본인의 잘못이 아니라는 점을 확인시켜 주어야 합니다.

세 번째로 말씀드릴 것은 시민들의 '느슨한 연대'와 시민 사회의 자정 노력입니다. 정부와 국가 바깥에서 할 수 있는 노력이지요. 시민 사회가 차별과 혐오 표현에 대한 문제의식을 공유하고, 공동 대응을 할 수 있습니다. 여성 단체나 성 소수자 지지 모임 등에서 이런 일을 하지요. 여러분도 함께할 수 있습니다. 온라인에서도 가능해요. 커뮤니티를 조직하거나 해시태그 등을 통해 공동의 관심사로 끌어올릴 수 있습니다. 여론을 통한 문제 해결이 가능해요.

인터넷에서 혐오 표현이 난무한다, 이러면 참지 마시고 이를 방치하는 포털 사이트에 항의하거나 시민 단체에 문의할 수 있습니다. 반혐오 표현 커뮤니티를 만들어서 온라인 선전전을 펼 수도 있고요. 온·오프라인이 결합해서 활동할 수도 있습니다. 우리가 광장에서 촛불 집회를 열지 않았습니까? 나라가 더 이상 이런 식으로 가서는 안 되겠다고 생각한 시민 한 사람 한 사람이 모여 거대한 역사적 전환점을 만들어냈습니다. 그때 우리가 어떻게 모였습니까? 트위터로, 페이스북으로 현장을 중계하고 의견을 나누고 더 좋은 방안을 찾았습니다. 혐오 표현에 대한 대응도 이렇게 할 수 있어요.

네 번째는 연대의 지속과 모니터링 작업입니다. 흩어져 있는 개인들이 느슨한 연대를 통해 대항하는 것에 그치지 않고, 보다 지속적인 활동을 위해 조직을 구성하는 거예요. 그래야 상시적인 혐오 표현 감시가 가능합니다. 지금도 여러 단체들이 그런 활동을 하고 있어요. 방송이나 신문에서 혐오 발언을 여과 없이 내보내지는 않는지, 포털 사이트에서 혐오 게시물을 방치하지는 않는지, 모니터링합니다. 그러다 문제가 발견되면 직접 시정 요청을 하거나 게시물을 삭제하고 경고하도록 관리 책임 기관에 요청할 수 있습니다.

마지막으로 말씀드릴 것이 공적 서비스의 접근성과 관련 공무원의 인식입니다. 혐오 표현을 감시하고 통제할 책임이 일차적으로 정부에 있잖아요. 그래서 문제가 생기면 법에 호소하고 경찰에 신고합니다. 이는 국가 기관이 공정하고 분명하게 문제를 해결해 줄 것이라는 믿음을 전제로 합니다. 그런데 만약 법과 제도가 미비하다면 어떨까요? 빈틈을 이용해 혐오 표현들이 확산하겠지요. 또한 이런 사태를 시정할 공무원들의 문제의식이 부족하다면 어떨까요? 역시 해결이 쉽지 않을 겁니다. 오히려 2차 피해를 입을 수도 있습니다.

그리고 온갖 법들이 새로이 만들어진다 하더라도 이주자들이나 외국인들의 경우에는 한국의 법이나 형사 절차에 대하여 알지 못하는 경우가 많아요. 피해를 입어도 어디에 어떻게 신고를 해야 할지 모릅니다. '접근성'이란 이럴 때 도움을 쉽게 구할 수 있어야 한다는 뜻입니다. 앉아서 신고 들어올 때까지 기다리는 건 너무 소극적인 방식이에요.

혐오 표현은 물론 차별 시정 업무를 주도할 기관의 실무자들에 대한 교육도 필요합니다. 이들의 인권 감수성 제고를 위한 교육을 해야 해요. 교사, 공무원, 정치인 등 공적 발화자나 공무 집행자의 교육 내실화를 위한 조치가 있어야 하고요. 임용이나 선출 단계에서 인권 관련 과목의 이수를 의무화하는 등의 방법도 생각해볼 만합니다.

제가 인권위원회에 있을 때 경찰관을 상대로 교육을 몇 년간 했습니다. 순회 강사 제도가 처음 생겨서 경찰연수원 등을 다니며 인권 교육을 했어요. 그때만 해도 초창기라 수사 기관에서 웬 인권? 이런 식이었습니다. 답답할 정도로 그랬어요. 그동안 엄청난 발전이 있었지요. 사회 전반의 변화도 있었지만, 지속적인 인권 교육에 힘입은 바 크다고 생각합니다.

혐오가 아닌 대화와 설득

우리나라는 법적으로 혐오 표현에 대한 규제가 미흡합니다. 독일만 해도 형법적으로, 구체적이고 체계적인 규제를 하고 있어요. 나치 정권이 저지른 혐오 범죄에 대한 트라우마가 있기 때문입니다. 독일 국민들은 어려서부터 나치가 어떤 악행을 저질렀는지, 그 이유가 무엇이었는지 등을 배웁니다. 무엇보다도 다시는 그런 일이 생기지 않도록 혐오 방지 교육에 힘쓰고 있어요. 제가 독일 사람들을 만나면요, 우선 사과부터 해요. 2차 대전 때 자기들이 저지른 범죄에 대해 반성합니다. 그들은 일상적으로 뉘우치고 있어요. 사회 분위기가 그렇습니다. 각 주마다 혐오 폭력 행위를 규제합니다. 혐오 규제법이 별도로 만들어져 있어요. 이웃 나라 일본과는 다르죠? 일본은 도심에서 한국 혐오 발언을 쏟아내는 시위가 버젓이 열려요. 그나마 다행인 게 2016년 '혐한 시위 억제법'이 통과되어 나름대로 자정 노력을 보이고 있습니다.

우리나라는 어떨까요? 혐오 발언에 대한 직접적 규제 법률은 없어요. 그래도 국가인권위원회법 등에서 혐오를 차별 요인으로 보고 이 문제를 다루고 있어요. 그래도 여전히 미흡해요. 성 소수자나 여성, 장애인 등에 대한 사회적 혐오를 줄이려는 노력이 좀 더 필요합니다.

우리가 혐오 표현에 대응하고 이를 없애려 노력하는 궁극적인 목적은 평화입니다. 갈등이 없는 집단은 없어요. 그러나 이것이 대화와 설득의 방식으로 해결되지 못하고 혐오로 표출될 때 그 공동체의 미래는 반목과 폭력으로 점철될 수밖에 없습니다. 지난 세기의 역사가 이를 잘 보여주지요. 우리가 좀 더 혐오 표현에 관심을 갖고 지켜봐야 할 이유입니다. 그럼 이것으로 강의를 마치도록 하겠습니다. 고맙습니다.

Q&A

<u>청중</u> 강의를 듣다 보니 법적 테두리 내에서 혐오 문제를 해결하기가 쉽지 않다는 느낌을 받았습니다. 말씀하셨듯이 혐오 표현 자체가 위법이 아닐 수 있으니까요.

예를 들어 명예 훼손이라는 것도 제가 아는 것과 다르더라고요. 상대가 한 말에 모욕감을 느꼈을 때 소송을 걸면 명예 훼손죄가 성립되는 줄 알았는데, 요건이 아주 까다롭다는 말을 들었어요. 보통 사람 입장에서 상대의 혐오 발언을 지적했을 때 상대가 명예 훼손을 들먹이면 위축되기 마련인데요. 어떻게 해야 하나요?

<u>박미숙</u> 우리가 명예 훼손이라는 말을 흔하게 들어서 그렇지 실제로 처벌받는 경우는 많지 않아요. 정치인들이 습관적으로 고소하고 그러지만, 명예 훼손죄로 인정받는 경우가 그다지 많지 않아요. 고소한다고 엄포만 놓고는 슬그머니 넘어가는 경우도 많고요. 앞에서 형법이 인정하는 명예 훼손에 대해 말씀드렸지만, 진실한 사실로서 공공의 이익에 관한 것에 대해서는 명예 훼손에 해당하지 않아요. 미국 같은 경우는 정치인에 대한 명예 훼손 자체가 성립이 안 되고요.

그럼에도 우리나라 정치인들은 명예 훼손을 남발하는 경향이 있는데요, 실제로 상대를 법적으로 처벌하려는 목적보다는 기선 잡

기, 정치적 엄포에 가까워요. 그래서 서로 말만 하지 실제 사건화된 적은 거의 없습니다.

그리고 정치인은 공인이잖아요. '국민의 알 권리'라는 게 있습니다. 방송에서 정치인의 비위 사실을 보도했을 때 정치인들이 흔하게 대응하는 방법이 명예 훼손이죠? 그러나 기각될 때가 많습니다. 왜냐하면 국민에게는 자신들이 선출한 정치인들이 제대로 일을 하는지 확인할 권리가 있고 언론이 이를 대신하고 있기 때문이에요. 물론 개인 프라이버시도 소중합니다. 그러나 미국은 양자가 충돌했을 때 분명하게 국민의 알 권리, 표현의 자유를 우선해요. 그리고 미국에서 명예 훼손은 범죄가 아니라 불법 행위로 민사 사건 대상에 해당해요. 형사 범죄로 규율하지 않는다는 것이지 차별 금지나 증오 범죄 규제 정책이 없다는 말은 아니에요. 혐오 표현이 괴롭힘에 해당할 경우 민사 배상으로 규제하고 다양한 정책을 통해 차별 금지 정책을 펼치고 있어요.

우리나라도 그렇게 하는 게 바람직합니다. 형법으로 규제할 게 아니라 개인이 받은 정신적 피해와 손해를 배상하는 방향으로 가야 해요.

청중 법 체계상 민사와 형사가 나뉜다고는 하지만 일반 국민에게는 중요하지 않다고 생각합니다. 어쨌든 혐오로 인한 피해를 국가가 방지하고 재발 방지 대책을 세우는 게 핵심 아닐까요?

박미숙 앞서 회복적 정의에 대해 말씀드렸습니다만, 처벌이 만능 이라거나 우선된다는 사고방식은 경계해야 할 겁니다. 형사 사건 화는 벌을 주는 게 목적입니다. 피해자가 받은 상처를 치유하고 공 동체가 혐오 문제에 현명하게 대처할 수 있게 하는 데에는 형사적 대응은 그다지 효과적이지 못해요. 그러나 혐오 표현이 단순히 표 현 자체에 머물러 있을 때에는 규제 대상이 아니지만, 실질적 행동 으로 나아갈 경우는 다른 문제이고 이에 대하여는 좀 더 단호하게 대응할 필요가 있어요. 물론 이를 위한 전제로서 혐오 표현이 무엇 인가에 대한 내용이 명확해야 할 것이고, 이에 대한 대응은 일관되 어야 한다는 것이 필요합니다.

청중 해외에서 오래 살다가 한국에 들어왔는데요. 외부에서 보 면 이해가 가지 않는 일들이 많은 것 같습니다. 예를 들어 전 방송 문화진흥회 이사장 ○○ 씨가 후보 시절의 문재인 대통령에게 공 산주의자라고 했잖아요. 민사 재판에서는 1000만 원 위자료 배상 판결이 났지만 형사 재판에서는 1심에서 무죄가 났더라고요. 이런 결과를 어떻게 이해해야 할까요?

박미숙 민사 사건은 범죄 행위가 아니라 불법 행위를 그 대상으 로 합니다. '배상'이라는 개념 자체가 불법 행위를 전제로 하거든 요. 형사 사건은 범죄를 대상으로 하고 그 결과는 형벌이죠. 그렇게 해서 양자를 구분하는 것이 가장 기본적인 틀이죠. 즉, 불법 행위라고 해서 모두 범죄가 되는 건 아니라는 겁니다.

청중 헌법상 표현의 자유에 대해 질문하고 싶습니다. 말씀하셨듯이 혐오 표현 자체가 형사법상 범죄 행위는 아니잖아요. 다시 말하자면 형사법에서 혐오 표현에 대해 구체적으로 여기까지 불법이고 그 이하는 괜찮다 이런 기준이 없다는 얘기인데요. 오늘날 급증하는 혐오 범죄를 예방하기 위해서라도 이 부분에 대한 보완이 필요하지 않을까요?

박미숙 동감입니다. 물리적 폭력에 미치지는 않지만 정신적으로 그보다 큰 고통을 줄 수 있는 행위가 있잖아요. 혐오 표현이 그렇습니다. 그렇다면 '혐오'가 무엇인지 먼저 법적으로 정의를 내려야 합니다. 그런데 이 '혐오'라는 게 감정과 관련한 상태잖아요. 과연 법이 감정을 판단할 수 있을까, 하는 점에서 어려움이 있습니다. 게다가 물리적 증거가 거의 없다시피 하고 인과 관계 즉, 내가 혐오 때문에 이런 피해를 입었다는 사실을 증명하기도 쉽지 않아요. 다만 명백하게 심리적 해악을 미칠 수 있다고 판단할 수 있을 때 그 범위에 대하여 분명한 선을 긋는 일이 필요할 것입니다.

동시에 형사법에서 그러한 혐오 표현을 규제하기보다는 한 공동체 안에서 아까 말씀드린 회복적 정의를 통해 해소하는 것도 병행해 나가는 일도 중요합니다. 법이 할 수 있는 일은 한계가 있어요. 최소한의 것을 지키는 안전장치라고 할까요. 가해자를 줄이고, 피해자의 상처를 덜어내며 공동체 전체의 혐오 지수를 낮추는 데는 한계가 있어요. 그렇기 때문에 교육이 필요하다고 봅니다. 시민 의식을 제고하기 위한 교육, 청소년들의 인권 감수성을 높이기 위한 교육, 국가 기관과 관련 종사자들에 대한 교육, 그리고 비정부 자치 기구 설립을 지원하는 방안 등을 고려해볼 만해요.

청중 전공과 관련이 있어서 혐오 범죄나 혐오 표현에 관한 논문이나 책들을 찾아보고 있습니다. 그런데 용어가 서로 달라요. 어떤 책은 증오라고 하고 또 어떤 책은 혐오라고 합니다. 두 용어가 차이가 제법 있어서 어떤 게 오늘날 벌어지는 현상에 좀 더 적합한 표현인지 궁금해요.

박미숙 '증오'는 과거에 많이 쓰였어요. 지금은 '혐오'라는 말을 씁니다. '증오'는 표현보다는 '범죄'와 결합되고요. 그래서 어떤 범죄적 행동과 연결된 것은 증오라고 쓰되, 우리가 오늘 이야기한 바와 같이 차별과 적대감을 형성하는 언행 등은 '혐오'라고 하는 게 좋을 듯합니다. 다만 이 혐오라는 용어도 그때그때 쓰임이 달라요. 정부 기관에서 작성한 공문서나 방송 등에서 사용하는 '혐오' 용어도 약간씩 개념 차이가 있는 거 같고요. 그래서 이 점에 대한 합의와 통일은 필요한 듯합니다.

청중 제삼자도 혐오 표현을 신고할 수 있는지 궁금합니다. 예를 들어 어떤 사람이 성희롱 피해를 당한다고 했을 때 옆에서 지켜보던 내가 직접 경찰에 신고할 수 있는지요. 반드시 피해자 본인이 있어야 하나요? 아니면 제삼자의 진술만으로도 조사가 가능한가요?

박미숙 제삼자도 가능합니다. 다만 제한은 있어요. 형사소송법을 보시면 고소권자라고 있습니다. 이때의 고소권자는 "당사자 또는 일정한 관계에 있는 자"로 제한돼요. 사건 현장을 보지도 않았고 직접 관련이 없는 사람이 무작정 경찰서에 가서 신고할 수는 없다는 말입니다. 본인이나 관계자가 고소하면 모욕이든 명예 훼손이든 접수 처리는 될 수 있을 겁니다.

청중 법적으로 혐오를 규제하는 데 한계가 많다는 점에 동감합니다. 맥락을 무시하는 법의 속성 때문에 외려 소수자를 억압하는 수단이 되기도 하지요. 예전에 방송통신위원회에서 동성애자 커뮤니티를 폐쇄 처분한 일이 있었습니다. 그 근거가 청소년들에게 악영향을 끼친다는 거였어요. 이처럼 법적 규제는 보수적으로 해석했을 경우, 혹은 보수적인 정권이 억압의 수단으로 사용할 경우 오히려 해가 됩니다.

또한 법에서 말하는 모욕이나 명예 훼손이 되려면 객관적으로 명백한 혐오적 표현으로 인정받아야 하잖아요. 그런데 사실은 어떤 사람을 지칭하는 말 자체가 혐오 표현일 때가 있습니다. 예를 들어 장애를 가진 사람에게는 '장애인'이라는 말 자체가 수치심을 줄 수 있고요. "저 사람 게이 맞아?" 이런 표현도 그냥 책에 적혀 있을 때와 성 소수자를 호명하는 말로 쓰일 때 느낌이 다릅니다. 이러한 맥락을 포괄할 수 있을지 의문이 들어요.

마지막으로 말씀드릴 게 법적 규제가 혐오의 대상자들을 사회적 약자로 규정하는 효과가 있지 않나 싶습니다. 보호하는 건 좋은데 주체가 될 수 없게 하지 않나 싶어요. 이러이러한 사람들은 특별히 약자로 취급하는 것, 도와주어야 할 대상으로 박제하잖아요. 정상과 비정상으로 나누는 이원론적 사고 자체가 문제인데, 그걸 오히려 강화하는 측면이 있는 것 같습니다.

박미숙　법에 의한 보호의 한계를 정확하게 지적해 주셨네요. 그래서 제가 강조하는 것도 법적 규제보다는 공동체 차원에서의 접근이에요. 혐오를 규정하고 처벌하기 이전에, 그 누구도 혐오의 대상으로 전락하지 않는 건강한 공동체를 만들자는 거예요. 물론 방금 지적하신 문제에 대해, 관련 기관 등에서 고민하고 대안을 모색해야 한다는 점은 충분히 공감합니다.

법은 가장 늦게 변합니다. 본질적으로 그래요. 사회 변화를 따라 잡기에는 너무 덩치가 크고 융통성이 없죠. 그러나 분명히 변하고 있는 것도 법입니다. 예를 들어 과거 성전환자에 대해서는 성립하지 않던 강간죄가 지금은 성립하죠. 여기에 대한 판례가 계속 바뀌어 왔어요. 또한 법률 용어들도 일반인들 입장에서 좀 더 쉽고 피해자를 배려하는 방향으로 바뀌고 있습니다. 그만큼 법 밖에서 사회의 요구가 강하게 있었음을 알 수 있어요. 또 바로 그만큼 법도 변화하고 있어요.